Contribuição Previdenciária Sobre a Receita Bruta

Contribuição Previdenciária Sobre a Receita Bruta

ANÁLISE CRÍTICA E ESTUDO DE ALTERNATIVAS

2017

Diego Filipe Casseb

CONTRIBUIÇÃO PREVIDENCIÁRIA SOBRE A RECEITA BRUTA
ANÁLISE CRÍTICA E ESTUDO DE ALTERNATIVAS

© Almedina, 2017

Autor: Diego Filipe Casseb
Diagramação: Almedina
Design de Capa: FBA.

ISBN: 978-858-49-3213-9

Dados Internacionais de Catalogação na Publicação (CIP)
(Câmara Brasileira do Livro, SP, Brasil)

Casseb, Diego Filipe
Contribuição previdenciária sobre a receita bruta :
análise crítica e estudo de alternativas / Diego
Filipe Casseb. – 1. ed. – São Paulo : Almedina, 2017
Bibliografia

ISBN 978-85-8493-213-9

1. Contribuições previdenciárias – Brasil
2. Contribuições sociais 3. Direito previdenciário –
Brasil 4. Direito previdenciário - Legislação –
Brasil I. Título.

17-03434   CDU-34:364.3:622(81)

Índices para catálogo sistemático:

1. Brasil : Contribuintes : Direito previdenciário 34:364.3:622(81)

Este livro segue as regras do novo Acordo Ortográfico da Língua Portuguesa (1990).

AVISO: O presente trabalho não representa parecer legal ou a opinião de Pinheiro Neto Advogados sobre o assunto tratado, mas apenas de seu autor, para fins acadêmicos.

Todos os direitos reservados. Nenhuma parte deste livro, protegido por copyright, pode ser reproduzida, armazenada ou transmitida de alguma forma ou por algum meio, seja eletrônico ou mecânico, inclusive fotocópia, gravação ou qualquer sistema de armazenagem de informações, sem a permissão expressa e por escrito da editora.

Abril, 2017

Editora: Almedina Brasil
Rua José Maria Lisboa, 860, Conj. 131 e 132, Jardim Paulista | 01423-001 São Paulo | Brasil
editora@almedina.com.br
www.almedina.com.br

Dedico este livro aos meus pais, Ayrton e Deise, exemplos de vida, pelos valores ensinados com muito amor e por sempre me incentivarem a alcançar meus objetivos.

À minha irmã, Débora, com quem compartilho com carinho os melhores e mais importantes momentos em família.

À minha esposa, Priscila, pelo infinito amor e companheirismo, e por me ensinar a ser uma pessoa melhor a cada dia.

À minha filha, Rafaela, que hoje, embora pequena, despertou um amor tão grande e sincero que jamais imaginei existir.

AGRADECIMENTOS

Agradeço aos professores do Mestrado Profissional em Direito na linha de pesquisa de Direito Tributário, da Escola de Direito de São Paulo da Fundação Getúlio Vargas, pela excelência na condução do curso.

Em especial à professora orientadora Juliana Furtado Costa Araujo, por todo o apoio, dedicação e inestimável conhecimento transmitido, fundamentais para o desenvolvimento desta obra e para que ela se dirigisse à superação dos limites da mera análise jurídica com o objetivo de, humildemente, sugerir linhas de pensamento em busca de um melhor sistema de tributação.

Meus sinceros agradecimentos ao professor Roberto Quiroga Mosquera pela orientação durante a elaboração desta obra e aos demais membros da banca examinadora, Susy Gomes Hoffman e Rodrigo Cardozo Miranda, pela importante contribuição para a conclusão dos temas ora apresentados.

Ao Pinheiro Neto Advogados, pela experiência jurídica adquirida dentro dos mais elevados padrões éticos e de qualidade, e por todo o incentivo ao aprimoramento do conhecimento de seus integrantes, bem como à Editora Almedina Brasil, pela publicação deste trabalho.

Em especial aos Drs. Sérgio Farina Filho, Tércio Chiavassa, Cristiane Ianagui Matsumoto Gago e Rodrigo de Sá Giarola, pelos ensinamentos que tanto contribuíram para meu desenvolvimento profissional.

Aos amigos do escritório, com os quais tenho o prazer de dividir conhecimentos e ideias, para, juntos, encontrarmos a melhor solução para os constantes desafios jurídicos.

PREFÁCIO

O livro que tenho a alegria em prefaciar trata de problemática bastante atual, envolvendo o estudo da *Contribuição Previdenciária sobre a Receita bruta: análise crítica e estudo de alternativas.*

A leitura da obra mostra a determinação e a excelência intelectual do autor, qualidades demonstradas durante todo o período em que tive a satisfação em orientá-lo no programa de Mestrado Profissional da Escola de Direito da Fundação Getulio Vargas em São Paulo.

Diego Filipe Casseb expõe o tema por meio de uma linguagem clara, buscando apontar os problemas e, ao mesmo tempo, propor soluções que possam aprimorar o sistema tributário nacional. Desta forma, vai muito além daquilo que já foi produzido sobre o assunto: procura contextualizar suas ideias dentro de uma perspectiva realista considerando as aflições práticas daqueles que atuam no âmbito tributário. Isto é reflexo da experiência acumulada pelo autor em sua vivência como advogado em uma das maiores bancas de advocacia do país.

O objetivo do trabalho de analisar o modelo de "desoneração da folha de salários" criado no Brasil à luz de princípios constitucionais, administrativos e econômicos foi alcançado por meio de uma ampla pesquisa sobre a introdução no sistema jurídico nacional da Contribuição Previdenciária sobre a Receita Bruta (CPRB) e os diversos entraves à efetiva produção dos resultados esperados, o que é espelhado nas inúmeras alterações legislativas que procuram moldá-la para evitar discussões e litígios.

Ao tratar da função extrafiscal dos tributos, o autor parte do pressuposto de que nem sempre a ideia da extrafiscalidade é capaz de gerar o comportamento econômico que dela se espera. Este é o mote que o leva a se debruçar sobre a opção de desoneração da folha e o efetivo alcance dos objetivos propostos pelo legislador. E nesse ponto o trabalho vai além e enfoca os resultados obtidos com a CPRB e o impacto envolvido na geração de emprego.

Ao se ater ao fundamento de validade da CPRB, de forma crítica e aprofundada, o autor defende que a contribuição esbarra na proibição constitucional prevista nos artigos 195, § 4º e 154, I da CF/88, o qual veda que novas contribuições sociais possam ser criadas sobre mesmo fato gerador já discriminado no texto constitucional.

Também ataca a constitucionalidade da contribuição dada as razões de sua instituição, sustentando que ao invés de privilegiar o financiamento da seguridade social, tem por finalidade o estímulo à contratação de mão de obra. Ainda tece relevantes considerações acerca do não atendimento pela CPRB de princípios constitucionais como a isonomia, simplicidade da tributação, não cumulatividade, eficiência econômica, dentre outros.

Certamente o que mais impacta o leitor na leitura da obra é o trânsito do autor entre a legislação, os impactos econômicos da criação da CPRB e a renúncia fiscal que a acompanhou, demonstrando com isso que a "desoneração" tal como até então promovida pelo governo consagrou-se uma medida custosa que não trouxe os benefícios econômicos almejados, o que permitiu ao autor buscar soluções mais eficientes para esse sistema de "desoneração".

Neste ponto, inovou ao propor um sistema de desoneração distinto e que passa pela extinção da CPRB, com a criação de novas regras com base na legislação que já existe e que incide sobre a folha.

Retomando o contexto da reforma tributária trazida pela PEC 233, propõe a redução da tributação sobre a folha em 14% ao longo de seis anos, compensando-se a perda de receita com a destinação de grande parte da arrecadação decorrente de um novo tributo – o IVA-F, a ser criado, para a seguridade social. Como medida alternativa de compensação da arrecadação, procurando ultrapassar a necessidade de mudanças estruturais que passam pela reforma tributária, propõe majoração de alíquotas do PIS e da Cofins, dentro de um sistema efetivo de não cumulatividade.

Isto mostra que a importância da obra está não apenas em apontar críticas a CPRB, mas sim em identificar o que esta contribuição tem de controverso e quais soluções podem ser apontadas para o aprimoramento da tributação da folha de salários no sistema tributário nacional de maneira que efetivamente se alcance a sua desoneração.

De minha parte fica a gratidão e satisfação de como professora da Escola de Direito da Fundação Getulio Vargas ter feito parte desta pesquisa como orientadora do aluno e agora mestre Diego Filipe Casseb e que resultou nesta obra cuja leitura recomendo.

Meus cumprimentos à editora pela publicação da obra que certamente servirá de referência aos estudiosos do assunto.

Juliana Furtado Costa Araujo
Doutora em Direito Tributário pela PUC/SP. Professora do Mestrado Profissional da FGV Direito SP. Procuradora da Fazenda Nacional em SP.

SUMÁRIO

AGRADECIMENTOS 7

PREFÁCIO 9

SUMÁRIO 13

CAPÍTULO 1 - INTRODUÇÃO 15

CAPÍTULO 2 - FUNÇÃO FISCAL E EXTRAFISCAL DOS TRIBUTOS E OS INCENTIVOS E BENEFÍCIOS FISCAIS 19

CAPÍTULO 3 - A DESONERAÇÃO DA FOLHA DE PAGAMENTOS E A CPRB 29

CAPÍTULO 4 - FUNDAMENTO CONSTITUCIONAL DE VALIDADE DA CPRB 35

CAPÍTULO 5 - A CPRB E PRINCÍPIOS CONSTITUCIONAIS, ADMINISTRATIVOS E ECONÔMICOS RELEVANTES 43
  5.1. Princípio da não cumulatividade 44
  5.2. Princípio da eficiência econômica 47
  5.3. Princípio da isonomia 56
  5.4. Princípio da simplicidade da tributação 61

> 5.4.1. Estudo de caso concreto: aplicação da CPRB para editoras de livros e revistas 74
> 5.4.2. A complexa compensação da CPRB 78
> 5.4.3. Discussões acerca da vigência das alterações da CPRB 81
>
> 5.5. Princípios da publicidade, motivação e impessoalidade 83

CAPÍTULO 6 – PROPOSTAS PARA DESONERAÇÃO DA FOLHA DE FORMA MAIS EFICIENTE 89

> 6.1. Eficácia limitada das alterações na legislação da CPRB 89
> 6.2. Necessidade de desoneração da folha: análise da economia do Brasil em 2009 pela OCDE 90
> 6.3. Projeto de Emenda Constitucional nº 233: Reforma Tributária 92
> 6.4. Alternativa escolhida pelo Brasil para a desoneração da folha e análise da economia do Brasil em 2013 feita pela OCDE 94
> 6.5. Análise crítica da CPRB e propostas para a desoneração da folha 96

CAPÍTULO 7 – CONCLUSÃO 103

REFERÊNCIAS 105

Capítulo 1
Introdução

Ao menos desde a Emenda Constitucional nº 42/2003, a desoneração da folha de pagamento vem sendo apontada como uma forma de se contribuir para o crescimento da economia do país. Em linhas gerais, consiste em reduzir ou eliminar a incidência de tributos e/ou encargos sobre a contratação de mão de obra, que pode ou não ser acompanhada de renúncia tributária e que busque incentivar a manutenção e contratação de mão de obra.

Reuven S. Avi-Yonah indica que os objetivos da tributação são o de gerar receita, buscar a redistribuição de riqueza e regular a economia. Este último objetivo nos parece ser aquele buscado pelo Governo Federal brasileiro ao buscar medidas para desonerar a folha de pagamento[1].

O Brasil adotou esse modelo a partir da edição de Medidas Provisórias (MP) desde 2011, quase todas elas convertidas em lei. Como explicado pelo próprio Governo Federal[2], houve a eliminação da contribuição pre-

---

[1] "Este, então, é o terceiro objetivo da tributação: regulação da atividade do setor privado ao se recompensar atividades consideradas desejáveis (via deduções ou créditos) e desencorajando-se atividades que são consideradas indesejáveis (via aumento da tributação)." AVI-YONAH, Reuven S. **The Three Goals of Taxation**. NYU Law Review, Vol. 60, (2006-2007), p. 24. Tradução nossa. Versão original: "This, then, is the third goal of taxation: regulation of private sector activity by rewarding activities that are considered desirable (via deductions or credits) and deterring activities that are considered undesirable (via increased taxation)."

[2] MINISTÉRIO DA FAZENDA. **Desoneração da Folha de Pagamentos: Perguntas e Respostas**. Disponível em: <http://www1.fazenda.gov.br/portugues/documentos/2012/cartilhadesoneracao.pdf>. Acesso em: 09.09.2015.

videnciária sobre a folha de salário de alguns setores e adoção de nova contribuição previdenciária sobre a receita bruta, bem como redução da carga tributária dos setores beneficiados, porque a alíquota sobre a receita bruta foi fixada em um patamar inferior àquela alíquota que manteria inalterada a arrecadação.

Contudo, recentes estudos[3] apontam que a desoneração da folha está longe de atingir os objetivos inicialmente propostos e, além disso, contribuiu para que houvesse um déficit relevante nas contas públicas, em razão da desoneração tributária ocorrida.

Ademais, se por um lado essa nova contribuição é benéfica para determinadas empresas, por reduzir a carga tributária total a ser recolhida, por outro lado, outras empresas foram excluídas desse benefício fiscal e/ou estão sofrendo prejuízos em razão de dificuldades encontradas na apuração desse tributo[4].

Em vista disso, torna-se relevante estudar essa forma de tributação, bem como buscar alternativas para que possa ser aprimorada ou eventualmente extinta, caso se constate que não haveria possibilidade de atingir seus propósitos.

O objetivo deste trabalho, assim, é analisar o modelo de desoneração criado no Brasil à luz de princípios constitucionais, administrativos e econômicos considerados relevantes e propor medidas que possam aprimorá-lo.

Inicialmente, faremos considerações sobre a função dos tributos, mais especificamente sobre suas características fiscal e extrafiscal, bem como sobre a finalidade dos incentivos e benefícios fiscais (no qual será inserida a desoneração da folha).

Após, faremos breves apontamentos sobre o modelo brasileiro adotado para instituição e alteração da Contribuição Previdenciária sobre a Receita Bruta ("CPRB"), até os dias atuais.

Em seguida, analisaremos o próprio fundamento constitucional de instituição e validade da CPRB para concluir se a nova exação foi criada de

---

[3] Dentre os estudos que serão objeto de análise neste trabalho, destaca-se o da Associação Nacional dos Auditores-Fiscais da Receita Federal do Brasil ("ANFIP"), denominado "Nota Técnica: Desoneração da Folha de Pagamentos: Impactos no Financiamento da Previdência Social". Disponível em http://www.anfip.org.br/publicacoes/20150730181429_Nota-Tecnica-Desoneracao-da-Folha-de-Pagamentos-Impactos-no-Financiamento-da-Previdencia-Social_30-07-2015_nota_tecnica-FINAL.pdf. Acesso em 04/09/2015.

[4] Conforme trataremos em mais detalhes nos capítulos 5.3 e 5.4.

acordo com a Constituição Federal de 1988 ("CF/88"), diante do exaustivo rol de competências tributárias elencado no texto constitucional.

Mais especificamente, será analisado se, à luz do artigo 195, §§ 4º, 12 e 13, da CF/88, e do entendimento do Supremo Tribunal Federal ("STF") sobre a constitucionalidade da instituição de contribuições sociais, é possível haver mais de uma contribuição sobre a mesma base de cálculo e o mesmo fato gerador de outra já existente, e se esse entendimento pode ser aplicado à CPRB, considerando as já existentes contribuições PIS e COFINS.

Posteriormente, estudaremos se a CPRB, da forma em que foi instituída, está de acordo com princípios constitucionais, administrativos e econômicos relevantes, notadamente os princípios da não cumulatividade, eficiência econômica, isonomia, simplicidade da tributação e publicidade, motivação e impessoalidade.

Nesse sentido, a observância do princípio da não cumulatividade é necessária não somente para se evitar aumento da regressividade do nosso sistema tributário, mas também por expressa disposição constitucional. A análise da questão se entrelaça, nesse ponto, com o próprio fundamento constitucional de validade da instituição da CPRB.

A eficiência econômica será analisada com base nos resultados pretendidos à época da criação da CPRB (criação ou manutenção de empregos e desenvolvimento econômico) em comparação com o apurado em recentes pesquisas sobre os efeitos da desoneração[5], levando-se em consideração também a intenção do Governo Federal de reverter (ao menos parcialmente) a medida, diante dos efeitos da renúncia fiscal ocorrida em razão da desoneração da folha.

A CPRB será estudada também sob o enfoque do princípio da isonomia: como ocorre o tratamento tributário diferenciado entre empresas do mesmo ou de diferentes setores econômicos, quais prejuízos podem decorrer da exigência desse tributo, de que forma esse problema pode ser sanado e como vêm decidindo os Tribunais sobre o assunto.

O princípio da simplicidade da tributação será também tratado, por ser outro aspecto muito relevante no dia a dia das empresas, que já destinam muitos recursos ao entendimento e cumprimento das intrincadas normas tributárias e atualmente devem adequar seus métodos de apuração para a nova CPRB.

---

[5] Conforme trataremos em mais detalhes no capítulo 5.2.

A abordagem levará em consideração aspectos da doutrina especializada, estudos sobre os efeitos da desoneração, jurisprudência administrativa e judicial e análise de casos práticos para melhor ilustrar os pontos relevantes de cada tópico a ser analisado.

Ao final, apresentaremos nossas conclusões sobre a CPRB e apontaremos sugestões para melhorar sua legislação e forma de apuração

Capítulo 2
Função Fiscal e Extrafiscal dos Tributos e os Incentivos e Benefícios Fiscais

Em linhas gerais, caso os tributos tenham como finalidade principal a arrecadação de recursos para os cofres públicos (como de fato a maioria tem), tratam-se de exações precipuamente com função fiscal.

Analisando-se mais a fundo a definição da função fiscal, tem-se que ela pode ser considerada não apenas como a de arrecadar receitas para as atividades do Estado. Caso seja essa a conclusão, a interpretação das regras tributárias levaria sempre à maior arrecadação possível, o que seria insustentável. E deve-se considerar que a função do Direito não é unicamente prover receitas para atividades estatais, mas sim impedir o confisco e o arbítrio na arrecadação dessas receitas. A função fiscal das normas tributárias se cumpre, portanto, com a repartição dos encargos conforme a capacidade contributiva de cada um, segundo leciona Paulo Victor Vieira da Rocha[6]. Não obstante, considerando o objetivo quase sempre arrecadatório das políticas públicas adotadas no país, o termo "função" ou "política fiscal" será utilizado neste trabalho como referência à finalidade arrecadatória.

---

[6] ROCHA, Paulo Victor Vieira da. Fiscalidade e Extrafiscalidade: uma Análise Crítica da Classificação Funcional das Normas Tributárias. Revista de Direito Tributário Atual nº 32. Editora Dialética. São Paulo: 2014, p. 260.

Por outro lado, impostos extrafiscais são os que servem para outras finalidades, como por exemplo instrumento de atuação do Governo na economia. Nesse sentido, segundo Hugo de Brigo Machado:

> Os impostos, como os tributos em geral, prestam-se como instrumentos para a arrecadação dos recursos financeiros indispensáveis para o custeio das despesas públicas. Essa é sua finalidade essencial, mas os impostos podem ter, também, uma função dita extrafiscal, que consiste na intervenção do Estado que, com eles, induz seja praticada, ou não seja praticada, determinada atividade. Com os impostos, o Estado pratica uma forma de intervenção no domínio econômico (...).
>
> Diz-se que um imposto é fiscal, ou que tem finalidade fiscal, quando ele é utilizado especialmente para a arrecadação de recursos financeiros. E que é extrafiscal, ou que tem finalidade extrafiscal quando é utilizado com qualquer outra finalidade, isto é, quando a sua finalidade é outra, é diversa da arrecadação.[7]

De acordo com Marcus de Freitas Gouvêa, a extrafiscalidade seria o "algo a mais" do que a simples obtenção de receitas por tributos, já que "liga-se a valores constitucionais; pode decorrer de isenções; benefícios fiscais, progressividade de alíquotas, finalidades especiais, entre outros institutos criadores de diferenças entre os indivíduos, que são, em última análise, agentes políticos, econômicos e sociais"[8].

Segundo o mesmo autor, o Direito Tributário foi construído sob os pilares da supremacia do interesse público sobre o interesse do particular e da indisponibilidade do interesse público pela administração e por isso o Estado pode se colocar em situação de superioridade em relação ao indivíduo, de acordo com os princípios da fiscalidade e extrafiscalidade[9].

Incentivos, benefícios fiscais e desonerações (aqui tratadas como uma espécie de incentivo ou benefício) decorrem, portanto, da função extrafiscal dos tributos. Em razão deles, espera-se que haja determinado comportamento

---

[7] MACHADO, Hugo de Brigo. Inconstitucionalidade do Aumento do IOF com Desvio de Finalidade. Revista Dialética de Direito Tributário nº 154. São Paulo: Julho de 2008, p. 54.

[8] GOUVÊA, Marcus de Freitas. Questões Relevantes Acerca da Extrafiscalidade no Direito Tributário. Interesse Público: Revista Bimestral de Direito Público nº 34. Porto Alegre: Notadez, p. 175.

[9] Id. Ibidem. p. 178 e 181.

por parte do contribuinte, que pode ser, como analisaremos a seguir, o aumento na contratação de mão de obra e o desenvolvimento econômico em geral.

Nesse sentido, as normas de tributação podem ter como finalidade a indução de comportamentos dos agentes econômicos, para que seus atos sejam direcionados a determinado sentido almejado pelo Estado, o qual é desenhado para ser mais atraente do ponto de vista econômico do que outros caminhos[10].

Como leciona Ernani Contipelli[11]:

> Assim, de acordo com a conotação extrafiscal que se pretende atribuir ao dever de colaboração de pagar tributo, tem-se a concessão de favorecimentos fiscais, que se volta ao estímulo de certos comportamentos com a redução do montante exigido como tributo, haja vista que, por circunstância lógica, se conclui que o ato incentivado, em verdade, auxilia o Estado na tarefa de cumprimento dos objetivos constitucionais direcionados ao bem comum, os quais, em uma compreensão sistemática, deveriam ser realizados por meio de serviços públicos financiados com a repartição das riquezas arrecadadas. Por outro turno, a extrafiscalidade pode ocorrer com a elevação da carga tributária para atribuir maior onerosidade a este dever de colaboração, visando ao desestímulo de certos comportamentos. A restrição a tais condutas também importa em auxílio ao Estado na tarefa de cumprimento dos objetivos constitucionais do bem comum, com a grande diferença de que, nestes casos, a repartição das riquezas arrecadadas não seria suficiente para prover o Estado dos meios efetivos para coibir prática dos atos por meio de medidas concretas, vez que são permeados por certas garantias constitucionais e a função interventiva deve com elas se compatibilizar para que não ultrapasse os limites de sua legitimidade.
>
> Desse modo, a extrafiscalidade, devidamente positivada no plano do complexo normativo constitucional, possibilita ao Estado a maior proteção de valores relevantes para satisfação dos interesses públicos, que devem preponderar sobre o teor das relações jurídicas envolvendo Estado e cidadão, buscando a concretização da justiça fiscal com desdobramentos nas esferas políticas, econômicas

---

[10] MACHADO, Luiz Henrique Travassos. Incentivos e benefícios fiscais: diferença no Estado de Direito Desenvolvimentista. Revista Tributária e de Finanças Públicas nº 102, 2012, p. 93.
[11] CONTIPELLI, Ernani. Solidariedade Social Tributária e Extrafiscalidade. Revista Forense, vol. 414, p. 532.

e sociais, por intermédio da racionalização da imposição tributária, que passa a se compatibilizar não apenas com a manutenção dos cofres públicos, com a invasão autorizada do patrimônio particular, mas também com outras finalidades axiológicas vinculadas a consecução do projeto de existência comum.

Segundo Cristiano Carvalho, "(...) a tributação é uma das mais fortes intrusões que o sistema jurídico tem o condão de fazer na esfera de autonomia privada. Por essa mesma aptidão de afetar a liberdade individual, os tributos são potentes estímulos ao comportamento humano, aptos a alterar escolhas e ações dos cidadãos"[12].

No entanto, Ejan Mackaay alerta que nem sempre uma alteração legal leva ao resultado pretendido pelo legislador, e essa questão é muito importante para o trabalho ora desenvolvido. Não se pode controlar diretamente o comportamento dos indivíduos por meio de uma norma jurídica, já que este é livre para reagir como quiser à nova disposição legal, desde que aceite as consequências de sua escolha. Nesse sentido, segundo o autor, "pessoas não são peões passivos movidas por mudanças nas regras a que estão sujeitas. Pelo contrário, uma mudança de regra irá levar todos a considerar a possibilidade de ajustar seu comportamento e, em caso afirmativo, como. Uma regra legal não controla diretamente o comportamento do indivíduo; ela meramente atribui consequências às suas ações. Os indivíduos permanecem livres para reagir como quiserem, não necessariamente na forma pretendida pelo legislador que emoldura a regra, no entanto aceitando as consequências de sua escolha".[13]

Vanessa Rahal Canado, ao tratar sobre as justificativas para o aumento de imposto extrafiscal, entende que estas podem ser analisadas (i) de forma abstrata, a partir da exposição de motivos do ato que aumentou o tributo, ou mesmo de linguagens que não constituam fatos jurídicos

---

[12] CARVALHO, Cristiano. **Análise Econômica da Tributação** *in* Direito e Economia no Brasil, Luciano B. Timm (org.). São Paulo: Atlas, 2012, p. 246.

[13] MACKAAY Ejan. **Law and Economics for Civil Law Systems**. Massachusetts: Edward Elgar Publishing Limited, 2013, p. 3-4. Tradução nossa. Versão original: "persons are not passive pawns being moved by changes in rules to which they are subject. On the contrary, a change of rule will lead everyone to consider whether to adjust one's behavior and, in the affirmative, how. For a legal rule does not directly control individual's behavior; it merely attaches consequences to their actions. Individuals remain free to react as they wish, not necessarily in the way intended by the legislature framing the rule, yet accepting the consequences of their choice."

(ex.: reportagem que anuncia a intenção do governo em majorar determinado imposto); ou (ii) de forma empírica, por meio da qual se busca verificar se o aumento de um tributo de fato colabora para o atingimento de sua função extrafiscal ou apenas aumenta a arrecadação[14].

Continua a Autora a lecionar que todos os tributos podem ter efeitos fiscais e extrafiscais, já que o aumento ou instituição de um tributo pode levar a outros efeitos além do comportamento de pagar o tributo, da mesma forma que o aumento de um tributo extrafiscal gera aumento da arrecadação. Se houver uma desaceleração do consumo como consequência da majoração do tributo, essa desaceleração se caracteriza como fato jurídico, na medida em que serve de motivação para um ato infralegal de redução de alíquota (para se reverter o efeito extrafiscal antes pretendido ou não). Nesse sentido, o direito intervém no comportamento dos agentes econômicos e vice-versa[15].

A intervenção do direito na economia ocorre, assim, de forma indireta. Ou seja, estimulam-se condutas através do direito, o qual pode instituir benefícios ou incentivos fiscais. Contudo, as normas jurídicas indutoras de comportamento podem não surtir os efeitos desejados, diante da complexidade do sistema econômico[16].

Os incentivos ou benefícios fiscais são, portanto, mais do que normas gerais e abstratas que reduzem o valor do tributo a pagar, na medida em que devem decorrer de lei que apresente a motivação desse benefício e incentive o comportamento a ser adotado, bem como dependem não apenas da existência de determinada contraprestação, mas sim que esta seja efetivamente verificada na prática[17].

Apenas para ilustrar a questão, um bom exemplo atual de tributo nitidamente extrafiscal é o denominado "imposto sobre refrigerantes" ou "imposto sobre açúcar". Mundialmente tem sido reconhecido que o excesso de açúcar existente nos alimentos industrializados (especialmente bebidas refrigerantes) tem causado sérios problemas de saúde na população em geral, como aumento da obesidade e diabetes. Além dos sérios danos à

---

[14] CANADO, Vanessa Rahal. Desenvolvimento, Direito, Economia, Fiscalidade e Extrafiscalidade: análise da natureza dos incentivos fiscais sob uma perspectiva interdisciplinar. Tributação e desenvolvimento: homenagem ao Prof. Aires Barreto. São Paulo: Quartier Latin, 2011, p. 821.
[15] Id. Ibidem. p. 821/822.
[16] Id. Ibidem. p. 823.
[17] Id. Ibidem. p. 826.

população, o Estado despende muitos recursos para tratar dessas enfermidades, o que eleva sobremaneira o custo da saúde pública. Por isso, alguns países adotam e outros pensam em adotar um imposto que sirva como desestímulo ao consumo de bebidas açucaradas artificialmente[18].

Em artigo publicado no sítio eletrônico do jornal The Washington Post[19], são apresentados dados coletados em países que instituíram o imposto sobre refrigerantes, como o México e países europeus. Com base neles, não é possível determinar se o tributo efetivamente levou à redução do consumo desse tipo de bebida, muito menos se o imposto sobre refrigerantes resulta em melhora na saúde pública. O resultado da instituição desse imposto, portanto, é inconclusivo.

Em outro artigo publicado na revista Time[20], apresentam-se estudos de que a instituição de tributo sobre refrigerantes não leva necessariamente ao aumento do consumo de bebidas saudáveis, mas sim à mudança da preferência do consumidor por outros tipos de bebida industrializada igualmente calóricas. Ou seja, a instituição de imposto sobre um tipo de bebida – refrigerante – pode levar simplesmente ao incentivo pela compra de outro tipo de bebida, mais barata, mas igual e excessivamente calórica – sucos concentrados de fruta com açúcar adicionado.

Com esse exemplo, busca-se ilustrar como a instituição de um tributo extrafiscal, ou seja, que tem como finalidade principal induzir pessoas a adotarem determinada conduta, pode não ser bem sucedida, em razão da diversidade de caminhos que podem ser seguidos pelo sujeito passivo que arca com os custos dessa nova exação.

---

[18] Nesse sentido, confira-se:
http://noticias.uol.com.br/saude/ultimas-noticias/estado/2015/03/04/oms-quer-impostos-sobre-refrigerantes-para-reduzir-acucar.htm
http://www1.folha.uol.com.br/ilustrissima/1233188-contra-a-obesidade-medicos-pedem-por-imposto-sobre-refrigerantes.shtml
http://www.brasil.rfi.fr/geral/20120104-franca-adota-imposto-sobre-refrigerante-para-combater-obesidade
Acesso em 04/09/2015.
[19] Disponível em https://www.washingtonpost.com/lifestyle/food/is-a-soda-tax-the-solution-to-americas-obesity-problem/2015/03/23/b6216864-ccf8-11e4-a2a7-9517a3a70506_story.html. Acesso em 04/09/2015.
[20] Disponível em http://healthland.time.com/2010/12/13/study-sugar-tax-may-lead-to-only-modest-weight-loss. Acesso em 04/09/2015.

A esse respeito, Tibério Carlos Soares Roberto Pinto[21] propõe a adoção de critérios que podem ser levados em consideração tanto na estipulação de um incentivo como no momento da análise de seus resultados. Em síntese, esses critérios são (i) dever de explicação dos fundamentos e objetivos do incentivo fiscal; (ii) exposição clara das metas a serem alcançadas, acompanhadas de estudos e pesquisas específicas que demonstrem a viabilidade do incentivo para os fins a que foi criado; (iii) demonstração de que o incentivo é o modo mais prático e eficiente para se alcançar o resultado; (iv) imposição de condições específicas aos destinatários dos incentivos, que condicionem seu uso ao atingimento das metas previamente pactuadas; e (v) demonstração periódica dos resultados, para que haja acompanhamento pela sociedade e órgãos de controle.

Especificamente quanto ao primeiro ponto acima, continua o Autor[22], não basta apenas menção genérica à finalidade do incentivo (como por exemplo "proteger o meio ambiente" e "promover o desenvolvimento de uma região"). O objetivo deve ser convertido em meta específica e mensurável.

Outro aspecto relevante dos incentivos fiscais, retornando-se à realidade brasileira, deve ser analisado. Considerando que a concessão do incentivo fiscal pode ensejar renúncia tributária, de forma a evitar prejuízos ao Estado, o artigo 165, § 6º, da CF/88, determina que o projeto de lei orçamentária deve ser acompanhado de demonstrativo do efeito das isenções[23], enquanto que o artigo 14 da Lei Complementar (LC) nº 101/2000 (Lei de Responsabilidade Fiscal) determina o seguinte:

> Da Renúncia de Receita
> Art. 14. A concessão ou ampliação de incentivo ou benefício de natureza tributária da qual decorra renúncia de receita deverá estar acompanhada de estimativa do impacto orçamentário-financeiro no exercício em que deva

---

[21] PINTO, Tibério Carlos Soares Roberto. O incentivos fiscais enquanto instrumento para a promoção da igualdade material entre os contribuintes. Regime Jurídico dos Incentivos Fiscais. MACHADO, Hugo de Brito (Coord.). Malheiros Editores: 2015, p. 571.
[22] Id. Ibidem. p. 576-577
[23] Art. 165. Leis de iniciativa do Poder Executivo estabelecerão:
§ 6º O projeto de lei orçamentária será acompanhado de demonstrativo regionalizado do efeito, sobre as receitas e despesas, decorrente de isenções, anistias, remissões, subsídios e benefícios de natureza financeira, tributária e creditícia.

iniciar sua vigência e nos dois seguintes, atender ao disposto na lei de diretrizes orçamentárias e a pelo menos uma das seguintes condições:

I – demonstração pelo proponente de que a renúncia foi considerada na estimativa de receita da lei orçamentária, na forma do art. 12, e de que não afetará as metas de resultados fiscais previstas no anexo próprio da lei de diretrizes orçamentárias;

II – estar acompanhada de medidas de compensação, no período mencionado no *caput*, por meio do aumento de receita, proveniente da elevação de alíquotas, ampliação da base de cálculo, majoração ou criação de tributo ou contribuição.

§ 1º A renúncia compreende anistia, remissão, subsídio, crédito presumido, concessão de isenção em caráter não geral, alteração de alíquota ou modificação de base de cálculo que implique redução discriminada de tributos ou contribuições, e outros benefícios que correspondam a tratamento diferenciado.

§ 2º Se o ato de concessão ou ampliação do incentivo ou benefício de que trata o caput deste artigo decorrer da condição contida no inciso II, o benefício só entrará em vigor quando implementadas as medidas referidas no mencionado inciso.

§ 3º O disposto neste artigo não se aplica:

I – às alterações das alíquotas dos impostos previstos nos incisos I, II, IV e V do art. 153 da Constituição, na forma do seu § 1o;

II – ao cancelamento de débito cujo montante seja inferior ao dos respectivos custos de cobrança.

Note-se que o conceito de renúncia de receita dado pelo § 1º do referido artigo é bem amplo e abrange praticamente qualquer legislação que implique redução de tributos ou tratamento diferenciado. E o mais importante é que esse tipo de medida deve vir acompanhada da correspondente medida de compensação.

Como apontado por Rocco Antonio Rangel Rosso Nelson, há ainda outros mecanismos de controle dos incentivos e benefícios fiscais instituídos com a finalidade de se controlar esse tipo de intervenção na economia e eventualmente auxiliar a identificar o desvirtuamento desses incentivos[24]. Nesse sentido, o artigo 70 da CF/88 determina que as subvenções e renún-

---

[24] NELSON, Rocco Antonio Ralgel Rosso. Apontamentos sobre os incentivos fiscais no Brasil. Revista Tributária e de Finanças Públicas nº 119, 2014, p. 210.

cias de receita são fiscalizadas pelo Tribunal de Contas[25], e o artigo 150, § 6º, da CF/88[26], determina que qualquer subsídio, isenção ou espécies semelhantes devem ser concedidos mediante lei específica.

Assim, a relação entre tributos extrafiscais e a efetiva indução a determinado comportamento econômico é complicada e dificilmente gera efeitos diretos e/ou rapida ou facilmente perceptíveis.

Situação semelhante ocorre com a sistemática de desoneração da folha de salários, tributo criado com claro caráter extrafiscal, como veremos a seguir.

---

[25] Art. 70. A fiscalização contábil, financeira, orçamentária, operacional e patrimonial da União e das entidades da administração direta e indireta, quanto à legalidade, legitimidade, economicidade, aplicação das subvenções e renúncia de receitas, será exercida pelo Congresso Nacional, mediante controle externo, e pelo sistema de controle interno de cada Poder.
Parágrafo único. Prestará contas qualquer pessoa física ou jurídica, pública ou privada, que utilize, arrecade, guarde, gerencie ou administre dinheiros, bens e valores públicos ou pelos quais a União responda, ou que, em nome desta, assuma obrigações de natureza pecuniária. (Redação dada pela Emenda Constitucional nº 19, de 1998)

[26] Art. 150. Sem prejuízo de outras garantias asseguradas ao contribuinte, é vedado à União, aos Estados, ao Distrito Federal e aos Municípios:
§ 6º Qualquer subsídio ou isenção, redução de base de cálculo, concessão de crédito presumido, anistia ou remissão, relativos a impostos, taxas ou contribuições, só poderá ser concedido mediante lei específica, federal, estadual ou municipal, que regule exclusivamente as matérias acima enumeradas ou o correspondente tributo ou contribuição, sem prejuízo do disposto no art. 155, § 2.º, XII, g. (Redação dada pela Emenda Constitucional nº 3, de 1993)

Capítulo 3
A Desoneração da Folha de Pagamentos e a CPRB

O Governo Federal e o Congresso Nacional instituíram medidas para "desonerar a folha de pagamento", alegadamente como forma de reduzir a incidência de tributos sobre a contratação de mão de obra e, em decorrência disso, incentivar a manutenção e contratação de empregados. Certamente, o objetivo era obter resultados extrafiscais.

O modelo adotado pelo Governo brasileiro foi o de substituir a contribuição a cargo da empresa, de 20% sobre a remuneração paga aos segurados empregados, trabalhadores avulsos e contribuintes individuais, por uma nova contribuição previdenciária sobre a receita bruta. Segundo informações disponibilizadas pelo próprio Governo[27], ocorreu também renúncia fiscal, já que a alíquota adotada para a CPRB é menor do que a chamada "alíquota neutra", ou seja, a alíquota cuja incidência sobre a receita equivaleria ao mesmo valor arrecadado com a contribuição sobre a folha substituída.

Nese sentido, por meio de Medidas Provisórias (MP) editadas desde 2011, quase todas convertidas em lei, eliminou-se a contribuição incidente sobre a folha de salários de alguns setores e instituiu-se a nova CPRB.

A MP de instituição foi a de nº 540, de 40, de 2 de agosto de 2011, posteriormente convertida na Lei nº 12.546, de 14 de dezembro de 2011. Após,

---

[27] MINISTÉRIO DA FAZENDA. **Desoneração da Folha de Pagamentos: Perguntas e Respostas**. Disponível em: <http://www1.fazenda.gov.br/portugues/documentos/2012/cartilhadesoneracao.pdf>. Acesso em: 09.09.2015.

outras MPs ampliaram sua incidência para outros setores econômicos, quais sejam, MP nº 559, de 2 de março de 2012, convertida na Lei nº 12.688, de 18 de julho de 2012; MP nº 563, de 3 de abril de 2012, convertida na Lei nº 12.715, de 17 de setembro de 2012; MP nº 582, de 20 de setembro de 2012, convertida na Lei nº 12.794, de 2 de abril de 2013; MPs nºs 601, de 28 de dezembro de 2012, e 612, de 2 de abril de 2013, que tiveram o seu prazo de vigência encerrado respectivamente em 3.6.2013 e 1.8.2013; MP nº 610/13, convertida na Lei nº 12.844, de 19 de julho de 2013; MP nº 615, de 17 de maio de 2013, convertida na Lei nº 12.865, de 9 de outubro de 2013; MP nº 619, de 24 de outubro de 2013, convertida na Lei nº 12.873, de 24 de outubro de 2013; MP nº 634, de 26 de dezembro de 2013, convertida na Lei nº 12.995, de 18 junho de 2014; e MP nº 651, de 9 de julho de 2014, convertida na Lei nº 13.043, de 13 de novembro de 2014, a qual tornou definitiva a nova contribuição.

O rol de empresas e setores econômicos sujeitos à nova sistemática era extenso e variado. Exemplificativamente, a nova contribuição se aplicava aos seguintes setores: calçados, têxteis, tecnologia da informação, tecnologia da informação comunicação, setor hoteleiro, transporte rodoviário coletivo de passageiros, transporte ferroviário e metroferroviário de passageiros, transporte rodoviário e ferroviário de cargas, indústria alimentar, minerais, plásticos, transporte aéreo e marítimo, construção civil, de manutenção e reparação de aeronaves e naval, diversas atividades relativas ao comércio varejista (tais como lojas de departamentos, de materiais para construção, entre outras), de construção de obras de infraestrutura, que realizam operações de carga, descarga e armazenagem de containers em portos organizados e as empresas jornalísticas e de radiodifusão sonora e de sons e imagens, entre outras.

Foram adotadas duas alíquotas diferentes: (i) 1% para as empresas que produzem determinados **produtos** identificados pelo código da Tabela de Incidência do Imposto sobre Produtos Industrializados (TIPI) e (ii) 2% para as empresas de determinados **setores econômicos**.

Note-se que a nova contribuição substitui apenas a de 20% sobre a remuneração paga aos segurados empregados, trabalhadores avulsos e contribuintes individuais. As empresas continuam sujeitas a pagar as demais contribuições sociais sobre a folha, como a destinada a financiar o Seguro Acidente do Trabalho (SAT) / Riscos de Acidente do Trabalho (RAT) e as destinadas a terceiras entidades.

Além disso, as empresas que produziam mais de um produto ou atuavam em diferentes setores econômicos deveriam proporcionalizar sua receita de acordo com o que estava sujeito à nova modalidade e efetuar o pagamento proporcional da nova contribuição sobre a receita bruta. Continuavam, portanto, parcialmente sujeitas à contribuição sobre a folha anterior.

Posteriormente, o Governo Federal, após sentir o efeito negativo da renúncia tributária ocorrida[28] e por necessitar de recursos para cobrir especialmente as despesas correntes, pretendeu reverter ao menos parcialmente os efeitos da sistemática de desoneração da folha.

Para isso, foi inicialmente editada a Medida Provisória nº 669, de 26 de fevereiro de 2015. Essa MP tornava a CPRB facultativa e majorava as alíquotas, de 1% para 2%, e de 2% para 4,5%.

Contudo, o presidente do Senado Federal deixou de receber a MP e determinou sua devolução à Presidência da República, alegando inconstitucionalidade em razão da falta de urgência para sua edição (requisito previsto no artigo 62 da CF/88)[29].

Em seguida, o Governo submeteu o mesmo texto à Câmara dos Deputados, para que tramitasse sob o formato de projeto de lei com regime de urgência constitucional. O referido projeto, de nº 863/2015, foi alterado pela Câmara e posteriormente remetido ao Senado Federal, sendo recebido com projeto de lei nº 57/2015. Por fim, o referido projeto foi transformado na Lei nº 13.161, de 31 de agosto de 2015.

A referida lei manteve o caráter facultativo da MP nº 669/2015 e os percentuais reajustados da CPRB propostos pelo governo, mas com algumas exceções. As empresas antes sujeitas à alíquota de 1% passaram a recolher a CPRB sob a alíquota de 2,5%, exceto para empresas que fabricam produtos selecionados, sujeitos às alíquotas de 1,5% ou 1%. Para as empresas antes sujeitas à alíquota de 2%, o novo percentual era de 4,5%, exceto para determinados setores sujeitos à alíquota de 3%.

Posteriormente, foi também publicada a Lei nº 13.202, de 8 de dezembro de 2015. As seguintes alterações ocorreram com relação à contribuição prevista no artigo 7º da Lei nº 12.546/2011: as empresas de *call center* indicadas

---

[28] Confira-se: http://g1.globo.com/economia/noticia/2015/02/brincadeira-da-desoneracao-se-mostrou-extremamente-cara-diz-levy.html. Acesso em 16/11/2015.

[29] Disponível em http://www12.senado.leg.br/noticias/materias/2015/03/03/renan-anuncia-devolucao-da-mp-que-reduz-desoneracao-da-folha-de-pagamento. Acesso em 02/09/2015.

no inciso I foram submetidas à alíquota de 3%, enquanto que as empresas indicadas nos incisos III, V e VI do referido artigo foram submetidas à alíquota de 2%, ao invés de 4,5%: transporte rodoviário, ferroviário e metroviário de passageiros. Mas as empresas relativas aos incisos I (que não sejam de call center), II, IV e VII foram submetidas à alíquota de 4,5%: de tecnologia da informação e tecnologia da informação e comunicação, do setor hoteleiro, de construção civil e de construção de obras de infraestrutura.

Curiosamente, os setores de tecnologia da informação e de tecnologia da informação e comunicação foram os primeiros sujeitos à sistemática de desoneração, com base na redação original da MP nº 540/2011. Aparentemente, não haveria mais necessidade de desonerá-los com uma alíquota mais benéfica (por exemplo, de 2%, ao invés da atual, de 4,5%).

Com relação ao artigo 8º da Lei nº 12.546/2011, foram incluídas na possibilidade de optarem pela desoneração as empresas dos serviços auxiliares do transporte aéreo de carga e dos serviços auxiliares do transporte aéreo de passageiros regular. Quanto à alíquota, houve uma divisão: a regra geral para as empresas que fabricam os produtos do referido artigo é de 2,5%, e as exceções são as seguintes:

(i) alíquota de 1,5%: empresas de transporte aéreo de carga e de passageiros regular (e respectivos serviços auxiliares), de transporte marítimo de carga e de passageiros na navegação de cabotagem e de longo curso, de transporte por navegação interior de carga e de passageiros em linhas regulares, de transporte que realizam operações de carga, descarga e armazenagem de contêineres em portos organizados, enquadradas nas classes 5212-5 e 5231-1 da CNAE 2.0, de transporte rodoviário de cargas, enquadradas na classe 4930-2 da CNAE 2.0, de transporte ferroviário de cargas, enquadradas na classe 4911, jornalísticas e de radiodifusão sonora e de sons e imagens de que trata a Lei no 10.610, de 20 de dezembro de 2002, enquadradas nas classes 1811-3, 5811-5, 5812-3, 5813-1, 5822-1, 5823-9, 6010-1, 6021-7 e 6319-4 da CNAE 2.0, e que fabricam vestuário, calçados e automóveis para transporte de 10 pessoas ou mais, incluindo o motorista (exceto empresas que fabricam trólebus); e

(ii) alíquota de 1%: empresas que produzem carnes de suínos, aves e peixes, enchidos de carne, pré-misturas próprias para fabricação de pão do tipo comum e pão do tipo comum.

Houve, portanto, reversão parcial do regime de desoneração da folha, de forma casuística[30].

Em seguida, foi publicada a MP nº 774, de 30 de março de 2017, que reduziu substancialmente o número de contribuintes que podem optar pelo recolhimento da CPRB. Com base nas novas regras, a CPRB é devida com base na alíquota de 2% para as empresas de transporte rodoviário, ferroviário e metroviário de passageiros. As empresas do setor de construção civil e construção de obras de infraestrutura podem recolher a CPRB com base na alíquota de 4,5%, e, por fim, as empresas jornalísticas e de radiodifusão sonora e de sons e imagens podem contribuir com a alíquota de 1,5%.

Com base na exposição de motivos da MP, a redução dos setores desonerados ocorreu em razão da necessidade de aumento da arrecadação, inclusive para fins de equilíbrio das contas da Previdência Social. Estimou-se que a redução da renúncia fiscal decorrente da MP para o ano de 2017 seja de R$ 4,75 bilhões e para o ano de 2018 de R$ 12,55 bilhões[31].

Após delineadas as principais regras da CPRB no contexto de um novo tributo extrafiscal instituído, passaremos agora a fazer algumas considerações sobre a efetiva existência (ou não) de previsão constitucional para instituição dessa exação.

---

[30] Analisaremos as alterações legislativas em mais detalhes nos capítulos seguintes, mais especificamente nos capítulos 5.3, 5.4, 5.5 e 6.5.

[31] A MP nº 774, de 30 de março de 2017, não foi convertida em lei até o fechamento desta edição. Disponível em http://www.planalto.gov.br/ccivil_03/_Ato2015-2018/2017/Exm/Exm-MP-774-17.pdf. Acesso em 2 de abril de 2017.

Capítulo 4
Fundamento Constitucional de Validade da CPRB

Nos termos do artigo 195, inciso I, alíneas "a", "b" e "c", da CF/88, a seguridade social é financiada, dentre outra fontes, por contribuições sociais do empregador, da empresa e da entidade a ela equiparada, incidentes sobre (a) a folha de salários e demais rendimentos do trabalho pagos ou creditados, a qualquer título, à pessoa física que lhe preste serviço, mesmo sem vínculo empregatício; (b) a receita ou o faturamento; e (c) o lucro.

Ademais, nos termos do artigo 195, § 4º, cumulado com o artigo 154, inciso I, da CF/88, a lei complementar pode instituir outras fontes destinadas ao custeio da seguridade social, desde que sejam não-cumulativos e não tenham fato gerador ou base de cálculo próprios dos discriminados na CF/88.

A esse respeito, ressaltamos que a possibilidade de instituição de contribuição social sobre a "receita" surgiu após o advento da Emenda Constitucional nº 20/1998. Antes disso, efetivamente não era possível se cobrar contribuições sobre a receita, como pretendeu-se com base no artigo 3º da Lei nº 9.718/98, segundo o qual "o faturamento (...) corresponde à receita bruta da pessoa jurídica." O STF reconheceu a inconstitucionalidade desse artigo no julgamento dos Recursos Extraordinários nºs 346.084/PR, 357.950/RS, 358.273/RS e 390.840/MG, por ofensa ao artigo 195, § 4º, da CF/88.

Posteriormente, com o advento da Emenda Constitucional nº 42, de 19 de dezembro de 2003, foram incluídos os §§ 12 e 13 ao artigo 195 da CF/88, os quais dispõem o seguinte:

"§ 12. A lei definirá os setores de atividade econômica para os quais as contribuições incidentes na forma dos incisos I, b; e IV do caput, serão não-cumulativas. (Incluído pela Emenda Constitucional nº 42, de 19.12.2003)

§ 13. Aplica-se o disposto no § 12 inclusive na hipótese de substituição gradual, total ou parcial, da contribuição incidente na forma do inciso I, a, pela incidente sobre a receita ou o faturamento. (Incluído pela Emenda Constitucional nº 42, de 19.12.2003)"

A partir desta última Emenda, criou-se inicialmente a sistemática não-cumulativa para o PIS e a COFINS, por meio das Leis nºs 10.637/02 e 10.833/03. Posteriormente, em que pese a limitação constitucional para se instituir mais de uma contribuição social incidente sobre a mesma base de cálculo, o entendimento do Governo Federal (criador da CPRB mediante MP) é o de que a mesma EC nº 42/03 teria também aberto a possibilidade de lei ordinária instituir uma nova contribuição sobre a receita ou faturamento, na modalidade de substituição da contribuição incidente sobre a folha de salários, para setores econômicos selecionados.

Tentativas de se instituir novas contribuições sociais sobre a receita em substituição à contribuição sobre a folha têm sido prática constante do legislador. Como exemplo, cite-se a contribuição devida pela agroindústria sobre o valor da receita bruta proveniente da comercialização da produção (artigo 22-A da Lei nº 8.212/91) e a contribuição incidente sobre o valor bruto da nota fiscal ou fatura de prestação de serviços (artigo 22, inciso IV, da Lei nº 8.212/91).

Em razão de essas contribuições terem sido instituídas por lei ordinária e incidirem sobre a mesma base de contribuição já existente sobre a receita ou faturamento, dentre outros motivos, há discussão sobre a constitucionalidade delas, especialmente diante da vedação constitucional trazida pelos artigos 195, § 4º, e 154, inciso I, já citados. A constitucionalidade da primeira contribuição mencionada acima pende de análise em precedente de repercussão geral reconhecida[32], enquanto que a segunda já foi declarada inconstitucional pelo Supremo Tribunal Federal (STF)[33].

A contribuição social devida pelo empregador, pessoa jurídica, que se dedica à produção agroindustrial, trazida pelo artigo 25, § 2º, da Lei nº 8.870/94, também foi declarada inconstitucional pelo STF sob o mesmo fundamento acima (ADI 1103). Da mesma forma, foram declaradas inconstitucionais as expressões "empresários e autônomos" contidas no inciso I da Lei nº 8.212/91, nas ADIs 1116, 1108 e 1102.

Com base no mesmo raciocínio, o STF, no julgamento do RE 228321, decidiu pela constitucionalidade da contribuição social instituída pela Lei Complementar nº 84/96, incidente sobre a remuneração de empresários, autônomos e avulsos. Um dos argumentos adotados para refutar as alegações do contribuinte (que pretendia obter o reconhecimento da inconstitucionalidade da contribuição) foi o de que a CF/88 não permitiria a existência de duas contribuições sociais incidentes sobre a mesma base de cálculo. Mas como não havia outra contribuição sobre a remuneração de empresários, autônomos e avulsos, entendeu-se pela validade da exação criada por uma LC.

Feitas essas considerações, e seguindo-se o mesmo entendimento, deveria ser reconhecida a inconstitucionalidade da CPRB, já que criada por MP ou lei ordinária (e não lei complementar), por ser cumulativa e por ter fato gerador e base de cálculo próprios dos já discriminados na CF/88, o que contraria os artigos 195, § 4º, e 154, inciso I, da CF/88.

Contudo, a situação pode ser diferente para a CPRB, caso prevaleça o entendimento de que haveria permissão constitucional para sua instituição, a qual teria sido dada pelos §§ 12 e 13 do artigo 195 da CF/88, em que pese nosso entendimento seja no sentido de que não há essa permissão constitucional.

No julgamento dos REs 596177 e 363852, o STF declarou a inconstitucionalidade da contribuição social previdenciária devida pelo empregador rural pessoa física sobre a receita bruta proveniente da comercialização de

---

[32] RE 611601 RG, Relator(a): Min. DIAS TOFFOLI, julgado em 03/06/2010, DJe-110 DIVULG 17-06-2010 PUBLIC 18-06-2010 EMENT VOL-02406-05 PP-01051 LEXSTF v. 32, n. 379, 2010, p. 227-236.
[33] RE 595838, Relator(a): Min. DIAS TOFFOLI, Tribunal Pleno, julgado em 23/04/2014, ACÓRDÃO ELETRÔNICO DJe-196 DIVULG 07-10-2014 PUBLIC 08-10-2014.

sua produção e da contribuição incidente sobre a receita bruta proveniente da comercialização da produção rural de fornecedores de bovinos para abate, ambas trazidas pelo artigo 1º da Lei nº 8.540/1992.

Um dos argumentos para a declaração de inconstitucionalidade é que, ainda que se pretendesse equiparar a "comercialização da produção" ao "faturamento" previsto no artigo 195, inciso I, alínea "b", da CF/88, apenas a CF/88 poderia permitir a existência de mais de uma contribuição social com a mesma base de incidência, como ocorre com o PIS (cuja "cumulação" com a COFINS foi permitida pelo artigo 239 da CF/88) e com as contribuições sobre a folha destinadas às entidades privadas de serviço social e de formação profissional (cuja "cumulação" com a contribuição sobre a folha de salários foi permitida pelo artigo 240 da CF/88).

De fato, o entendimento de que a CF/88 pode impor exceções à regra de que não pode haver mais de uma contribuição sobre a mesma base de incidência existe ao menos desde o Acórdão proferido na ADC nº 1, em que se analisou a constitucionalidade da COFINS, sendo que um dos argumentos adotados para a validade dessa contribuição foi o de que a própria CF/88 "admite que o faturamento do empregador seja base de cálculo para essa contribuição social [PIS/PASEP] e outra, como, no caso, é a COFINS"[34].

Assim, por alegadamente haver exceção expressa na CF/88, trazida pela EC nº 42/03, o Governo Federal sustenta que haveria fundamento constitucional para a criação da CPRB. Não obstante, a nosso ver, há que se fazer certa ressalva a esse entendimento. Os §§ 12 e 13 do artigo 195 da CF/88 não preveem expressamente a possibilidade de o legislador ordinário instituir nova contribuição social incidente sobre a receita ou o faturamento, além das já existentes PIS e COFINS, mas sim traz a possibilidade de a contribuição sobre a folha ser substituída pela contribuição sobre o faturamento ou a receita.

A esse respeito, o § 9º do artigo 195 da CF/88 determina que as contribuições sociais já previstas no inciso I do *caput* do referido artigo poderão ter alíquotas ou bases de cálculo diferenciadas, em razão da atividade econômica, da utilização intensiva de mão de obra, do porte da empresa ou da condição estrutural do mercado de trabalho. Novamente, faz-se referência

---

[34] ADC 1, Relator: Min. MOREIRA ALVES, Tribunal Pleno, julgado em 01/12/1993, DJ 16-06-1995 PP-18213 EMENT VOL-01791-01 PP-00088. Disponível em www.stf.jus.br. Acesso em 09.09.2015.

à possibilidade de as contribuições já existentes terem ou não alíquota ou base de cálculo diferenciadas.

Interpretando-se estes artigos, seria possível substituir-se a contribuição incidente sobre a folha de salários e remunerações pelas já existentes contribuições sobre a receita ou faturamento, quais sejam, o PIS e a COFINS, eventualmente instituindo-se alíquota diferenciada para determinados setores econômicos (em que pese a maneira mais adequada para se proceder à substituição da exação dependa de análise específica mais aprofundada). Mas não seria possível instituir-se uma nova contribuição sobre a receita ou faturamento, com regras próprias e específicas, como ocorreu por meio da Lei nº 12.546/2011.

Nesse sentido, a primeira crítica que se faz com relação à CPRB é relativa à sua inconstitucionalidade por falta de fundamento para sua instituição e em razão da vedação do § 4º do artigo 195, cumulado com o inciso I do artigo 154, ambos vigentes desde o texto original da CF promulgado em 1988, o qual não permite a instituição de novas contribuições sociais pelo legislador incidentes sobre o mesmo fato gerador já discriminado na CF/88. Eventualmente, poderia ser considerada válida a instituição de alíquotas diferenciadas do PIS e da COFINS para determinados segmentos da economia, mas não a instituição de uma nova exação.

Some-se a isso que, com base no próprio artigo 195 da CF/88, as contribuições relativas a esse dispositivo constitucional devem ser instituídas para o financiamento da seguridade social. Desvirtuar-se a finalidade da contribuição para que ela sirva à formalização da mão-de-obra, como previsto na exposição de motivos da MP de instituição da CPRB, já levaria à inconstitucionalidade da CPRB. E ainda que se admitisse sua instituição visando à formalização de mão-de-obra, haveria outra inconstitucionalidade em razão do não atingimento dessa finalidade, como demonstraremos ao longo dessa dissertação.

Nesse sentido, e apenas para ilustrar a possibilidade de se declarar eventual inconstitucionalidade de contribuição social diante do esgotamento de sua finalidade, ressaltamos que o STF decidirá sobre a constitucionalidade ou não de outra contribuição: a instituída pelo artigo 1º da Lei Complementar nº 110/01 (caso análogo). Essa contribuição (conforme sua exposição de motivos) havia sido criada para financiar as despesas que a União Federal teria com o pagamento de diferenças de correção monetária sobre o saldo das contas vinculadas ao FGTS, em razão da implementação dos Planos

Verão e Collor I. Contudo, as contas do fundo já foram recompostas e, atualmente, a contribuição está sendo utilizada para outro fim qual seja, para financiamento de programas sociais como o "Minha Casa, Minha Vida"[35]. Por isso, foram ajuizadas as ADIs nºs 5050, 5051 e 5053, que serão analisadas pelo STF[36]. Ademais, a repercussão geral da matéria já foi reconhecida no RE 878.313/SC.

Pelos motivos expostos acima, entendemos que a CPRB é inconstitucional. Não encontramos, contudo, questionamentos específicos acerca da constitucionalidade da CPRB em razão do fundamento de sua instituição e/ou de sua finalidade. É possível que discussões sobre esse tema não tenham sido iniciadas ainda (ou ao menos estejam em fase inicial) porque (i) a desoneração leva à redução da carga tributária de muitas empresas (as quais não teriam interesse em questionar sua validade), (ii) a desoneração se tornou opcional e (iii) os estudiosos do assunto podem preferir outras linhas de argumentação nas ações a serem ajuizadas (ou seja, ao invés de se questionar a constitucionalidade em si de toda a CPRB e da Emenda Constitucional que supostamente teria permitido sua criação, pode-se buscar o reconhecimento judicial de que, apenas para o caso concreto de determinada empresa, a CPRB deve ou não ser aplicada, com fundamento em outros princípios constitucionais que serão tratados adiante).

---

[35] Esse fato foi reconhecido pela Presidência da República ao vetar o projeto de lei que extinguia a contribuição do artigo 1º da Lei Complementar nº 110/01, como indicado na Mensagem de Veto nº 301: "A extinção da cobrança da contribuição social geraria um impacto superior a R$ 3.000.000.000,00 (três bilhões de reais) por ano nas contas do Fundo de Garantia do Tempo de Serviço – FGTS, contudo a proposta não está acompanhada das estimativas de impacto orçamentário-financeiro e da indicação das devidas medidas compensatórias, em contrariedade à Lei de Responsabilidade Fiscal. A sanção do texto levaria à redução de investimentos em importantes programas sociais e em ações estratégicas de infraestrutura, notadamente naquelas realizadas por meio do Fundo de Investimento do Fundo de Garantia do Tempo de Serviço – FI-FGTS. Particularmente, **a medida impactaria fortemente o desenvolvimento do Programa Minha Casa, Minha Vida, cujos beneficiários são majoritariamente os próprios correntistas do FGTS.**" (grifos nossos).

[36] Frise-se que o Ministro Joaquim Barbosa, em seu voto proferido no julgamento do Agravo de Instrumento nº 763.010/DF, mencionou a possibilidade de a matéria sobre inconstitucionalidade superveniente da contribuição social do artigo 1º da Lei Complementar nº 110/01 ser analisada: "Eventual perda superveniente de validade do tributo, em razão do cumprimento de seus objetivos, deverá ser examinada a tempo e modo próprios, pelos órgãos administrativos ou judiciais dotados de competência originária para tanto."

Apesar disso, existe a possibilidade de a matéria ser julgada inconstitucional pelo Poder Judiciário, por exemplo caso seja ajuizada Ação Direta de Inconstitucionalidade[37]. Nessa hipótese, caso haja a declaração de inconstitucionalidade da CPRB por meio de Acórdão do STF proferido em ADI (com efeito *erga omnes*[38]), esse entendimento teria efeito desde o início da instituição da nova contribuição (*ex tunc*)[39]. Em razão disso, as empresas estariam obrigadas a observar novamente as regras de tributação sobre a folha de salários, tanto para o futuro quanto para o passado.

A alteração da sistemática para o passado poderia ensejar eventual cobrança, por parte da Receita Federal do Brasil, de diferenças relativas ao valor anteriormente pago pelos contribuintes (com incidência de multa e juros), na hipótese de a CPRB ter resultado em redução da carga tributária. Isso seria extremamente prejudicial às empresas antes obrigatoriamente sujeitas (por lei) à CPRB ou mesmo que optaram por ela (quando se tornou facultativa). Certamente, a segurança jurídica estaria gravemente abalada nessa hipótese.

Posto isso, trataremos agora de outros aspectos questionáveis da CPRB, considerando princípios constitucionais, administrativos e econômicos relevantes, bem como apontaremos possíveis alternativas que podem ser adotadas para que os objetivos da contribuição instituída possam ser alcançados.

---

[37] De acordo com a Lei nº 9.868/1999.
[38] Conforme artigo 28, parágrafo único, da Lei nº 9.868/99.
[39] Caso não haja modulação dos efeitos da declaração de inconstitucionalidade, com base no artigo 27 da Lei nº 9.868/99.

Capítulo 5
A CPRB e Princípios Constitucionais, Administrativos e Econômicos Relevantes

É notório que iniciativas para se reduzir a elevada carga tributária brasileira são louváveis. Nesse sentido e como regra geral, a CPRB produziu efeito favorável para os setores econômicos selecionados, já que houve redução da carga tributária. Mas afinal, há dúvidas se esse novo tributo efetivamente contribuiu para o aumento ou ao menos a manutenção de empregos, o desenvolvimento das empresas e/ou a melhora do sistema tributário brasileiro, considerando inclusive as finalidades para as quais a tributação existe.

Para análise dessa questão, vale mencionar os atributos de um bom sistema tributário definidos por Joseph E. Stiglitz em sua obra "Economics of the Public Sector". O autor traz cinco qualidades de um bom sistema tributário: deve ter (i) eficiência econômica (o sistema tributário não deve interferir na eficiente alocação de recursos); (ii) simplicidade administrativa (o sistema tributário deve ser fácil e ter um custo relativamente baixo de administração); (iii) flexibilidade (o sistema tributário deve responder facilmente ou automaticamente a alterações nas circunstâncias econômicas); (iv) responsabilidade política (deve-se assegurar que os indivíduos possam entender o que estão pagando e avaliar se o sistema tributário reflete suas preferências) e (v) equidade (o sistema tributário deve ser justo ao tratar indivíduos diferentes)[40].

---

[40] STIGLITZ, Joseph E. **Economics of the Public Sector**, 3rd edition. New York: W. W. Norton & Company. Capítulo 17, "Introduction to taxation", pp. 457/458.

Outra classificação muito adequada do que seria um "tributo ótimo" foi dada por Cristiano Carvalho no capítulo "Análise Econômica da Tributação" do livro "Direito e Economia no Brasil[41]". O referido autor entende que o tributo ótimo deve (i) ter uma base grande de contribuintes, (ii) ter regras simples e objetivas, (iii) incidir sobre produtos e serviços de demanda inelástica, (iv) ser justo (não viola a isonomia), e (v) ter baixo custo administrativo.

As classificações e características mencionadas por ambos os autores se entrelaçam em alguns pontos. Para que a análise dos aspectos da CPRB seja feita de forma abrangente e que leve em consideração também seus objetivos econômicos, trataremos abaixo dos requisitos que entendemos serem os mais importantes diante das características dessa exação, agrupando-os quando coincidentes para ambos os autores.

Além disso, trataremos também da conformidade ou não da sistemática de desoneração com princípios constitucionais e administrativos relevantes e que, a nosso ver, devam ser estudados para que se constate sua efetiva aplicação na instituição da CPRB.

5.1. Princípio da não cumulatividade

Em 28.2.2008, o Poder Executivo enviou à Câmara dos Deputados a Proposta de Emenda à Constituição ("PEC") nº 233/2008, denominada de Reforma Tributária. Foi uma tentativa de racionalização e simplificação do sistema tributário brasileiro, além de levar à desoneração parcial da folha de salários.

A PEC nº 233/2008 continha proposta para se reduzir a contribuição previdenciária no âmbito de uma reforma tributária, a qual seria substituída (junto com o PIS, a COFINS e a e Cide-Combustível) gradativamente por um novo imposto sobre o valor adicionado ("IVA")[42].

No entanto, a PEC não seguiu em frente e houve a substituição da contribuição previdenciária por outra sobre o faturamento, a CPRB. Esta foi criada de forma cumulativa, ou seja, trata-se de contribuição que incide em todas as etapas de um processo produtivo, em contraposição ao tributo

---

[41] CARVALHO, Cristiano. **Análise Econômica da Tributação** *in* Direito e Economia no Brasil, Luciano B. Timm (org.). São Paulo: Atlas, 2012, p. 254.

[42] Nesse sentido, confira-se: PELLEGRINI, Josué; MENDES, Marcos. O que é desoneração da folha de pagamento e quais são seus possíveis efeitos? Brasil, Economia e Governo. Disponível em http://www.brasil-economia-governo.org.br/2014/08/11/o-que-e-desoneracao-da-folha--de-pagamento-e-quais-sao-seus-possiveis-efeitos. Acesso em 07/09/2015. Trataremos dessa PEC 233 em mais detalhes ao longo deste trabalho.

não-cumulativo, que permite a tomada ou aproveitamento de créditos em cada etapa, de forma que o tributo devido em cada uma delas possa ser abatido na operação seguinte.

Tributos cumulativos (inclusive os que incidem sobre o faturamento) distorcem os preços das mercadorias, pois são apurados sobre o valor agregado em outras etapas da produção, sem qualquer previsão de compensação dos tributos recolhidos em operações anteriores[43]. Em razão disso, as camadas menos favorecidas da população são mais oneradas, pois elas destinam a maior parte de suas reservas à aquisição de bens de consumo, cujo valor foi onerado no âmbito de uma cadeia cumulativa.

Nesse sentido, os efeitos cumulativos da CPRB (em especial o de reduzir ganhos de produtividade em razão da impossibilidade de tomada de créditos fiscais relativos a operações anteriores) foram notados pela Organização para a Cooperação e Desenvolvimento Econômico ("OCDE"), a qual elaborou estudo denominado "Economic Survey" sobre diversos aspectos relativos à economia do Brasil, disponibilizado em novembro/2015[44]:

> Políticas mal desenhadas também afetam os incentivos que influenciam no comportamento de empresas industriais. Por exemplo, dificuldades em reivindicar créditos fiscais para insumos intermediários no sistema de impostos indiretos distorce a organização da cadeia de valor no sentido de integração vertical excessiva. Tributos devidos com base na receita das empresas, tais como os instituídos em 2014 juntamente com as deduções fiscais da folha de pagamento, tem o mesmo efeito, pois tributos pagos sobre os insumos de origem externa não podem ser deduzidos da base de cálculo. Isso reduz a possibilidade de se atingir ganho de produtividade com a terceirização bens e serviços intermediários a fornecedores externos potencialmente mais eficientes e para imitar a fragmentação da cadeia de valor que se tornou comum na maioria dos países industriais principais.[45]

---

[43] Id. Ibidem.
[44] "Estudo Econômico" (tradução nossa). OECD (2015), OECD Economic Surveys: Brasil 2015, OECD Publishing, Paris. http://dx.doi.org/10.1787/eco_surveys-bra-2015-en. Acesso em 13/12/2015. Acesso em 13/12/2015.
[45] Id. Ibidem. p. 33. Tradução nossa. Versão original: "Poorly designed policies also affect the incentives that drive the behavior of industrial companies. For example, the difficulties in claiming tax credits for intermediate inputs in the indirect taxes system distort the organization of the value chain towards excessive vertical integration. Corporate taxes based on company

Talvez por esse motivo e para se evitar mais oneração das camadas mais pobres foi que os já citados artigos 195, § 4º, e 154, inciso I, da CF/88, determinaram que novas fontes da seguridade social somente poderiam ser criadas de forma não-cumulativas (além de não poderem ter fato gerador ou base de cálculo próprios dos discriminados na CF/88, como já indicado anteriormente).

Contudo, alterando essa sistemática tributária instituída pelo constituinte originário, a Emenda Constitucional nº 42/2003 inseriu os §§ 12 e 13 no artigo 195 da CF/88, que, no entendimento do Governo Federal (criador da CPRB mediante MP), permitiria a criação de nova fonte de custeio da seguridade social supostamente sem a necessidade de ser não-cumulativa, caso a lei ordinária assim deixasse de determinar.

Essa espécie de inovação à regra de que novos tributos deveriam ser não cumulativos não pode ser considerada válida apenas pelo fato de decorrer de uma Emenda Constitucional, já que, na realidade, contraria a sistemática da própria CF/88, criada para se evitar a instituição de novos tributos cumulativos. Há, assim, inconstitucionalidade na própria Emenda Constitucional nº 42/2003 nesse ponto. O novo tributo foi criado de forma confiscatória, em contrariedade ao artigo 150, inciso IV, da CF/88.

Como abordaremos em mais detalhes neste trabalho, a Associação Nacional dos Auditores-Fiscais da Receita Federal do Brasil ("ANFIP") publicou nota técnica[46] por meio da qual divulgou estudo relativo à desoneração da folha e seus efeitos. De plano, a Associação defende que a CPRB seja mesmo cumulativa, sob o argumento de que isso traria grandes vantagens para o mercado de trabalho, já que não facilitaria ou privilegiaria as terceirizações.

---

turnover, such as those put in place in 2014 together with payroll tax deductions, have the same effect as taxes paid on externally sourced inputs cannot be deducted from the tax base. This reduces the possibilities to achieve productivity gains by sourcing intermediate goods and services from potentially more efficient external providers and to mimic the fragmentation of the value chain that has become common in most leading industrial countries."

[46] Associação Nacional dos Auditores-Fiscais da Receita Federal do Brasil ("ANFIP"). Nota Técnica: Desoneração da Folha de Pagamentos: Impactos no Financiamento da Previdência Social, 2015. Disponível em http://www.anfip.org.br/publicacoes/20150730181429_Nota-Tecnica-Desoneracao-da-Folha-de-Pagamentos-Impactos-no-Financiamento-da-Previdencia-Social_30-07-2015_nota_tecnica-FINAL.pdf. Acesso em 04/09/2015.

O entendimento é o de que, com uma cadeia cumulativa, a empresa não é mais ou menos onerada caso opte por contratar mais empregados e produzir integralmente todos os insumos até o produto final (produção vertical), e isso poderia contribuir para a contratação de mais mão de obra.

Por outro lado, se a CPRB fosse não cumulativa, haveria incentivo para que a empresa terceirizasse a produção de seus insumos e apenas os adquirisse semiacabados, para que pudesse aproveitar créditos pela não cumulatividade em decorrência dessa aquisição, realizando assim apenas uma montagem (produção horizontal). Isso poderia desincentivar a contratação de mão de obra, pois a tomada de créditos pela compra dos insumos seria mais vantajosa para produção integral dos componentes intermediários[47].

Contudo, não concordamos com o ponto de vista acima. A decisão empresarial pela atuação ou não em todas as etapas de uma cadeia produtiva leva em consideração fatores comerciais diversos, como por exemplo a necessidade e custos envolvidos com a especialização na produção de determinado componente que sirva de insumo para um processo industrial.

Acreditamos que não seja possível afirmar que a existência de sistemática cumulativa para a CPRB efetivamente seria determinante para uma empresa decidir por assumir a produção de insumos relativos a etapas intermediárias de determinado procedimento industrial. Ao passo que os efeitos danosos de um novo tributo cumulativo (CPRB) podem ser sentidos mais facil e rapidamente pelos contribuintes de mais baixa renda, que arcam com o ônus econômico da exação.

Assim, há, em relação à CPRB, violação ao princípio da não cumulatividade, cuja observância é obrigatória com relação aos novos tributos instituídos por legislação superveniente.

5.2. Princípio da eficiência econômica

Como demonstrado acima, o objetivo da instituição da desoneração da folha é que traga mais eficiência econômica por incentivar a manutenção de empregos e a contratação de mais empregados ou prestadores de serviços, bem como mais desenvolvimento econômico das empresas submetidas à sistemática, já que houve redução da carga tributária.

O resultado esperado é o aumento da produção das empresas. Assegurando-se remuneração a mais pessoas físicas, espera-se também aumento do consumo

---

[47] Id. Ibidem. p. 13.

para absorver o acréscimo da produção. Essa reação em cadeia leva ao crescimento do país em geral. Ademais, o recebimento de remuneração pelas pessoas físicas também pode diminuir a necessidade de o Estado despender recursos com políticas econômicas assistenciais e redistributivas, o que também significa mais eficiência econômica.

Contudo, há dúvidas se incentivos tributários específicos à contratação de mão de obra, ainda mais se concedidos apenas a alguns setores econômicos, contribuem de fato para o aumento do número de empregos em geral. A nosso ver, esses incentivos não trazem o efeito esperado. Notícia publicada pelo Estado de São Paulo que apresentou o resultado de outras isenções concedidas à indústria automobilística menciona que, desde o início da crise financeira internacional, o Governo brasileiro abriu mão de R$ 26 bilhões em tributos para a indústria automotiva, enquanto que o setor criou 27.753 novas vagas de trabalho. Isso equivaleria a dizer que cada nova carteira de trabalho assinada pelas montadoras custou cerca de R$ 1 milhão em renúncia fiscal. Os incentivos, aponta a notícia, contribuíram mesmo para a remessa de lucros ao exterior de US$ 14,6 bilhões pelas montadoras[48], e não para a contratação de novos empregados.

Enfim, cada empresa dentro do seu respectivo setor econômico possui prioridades específicas e a contratação de mão de obra pode não ser uma delas, até mesmo porque há outras formas de se obter crescimento econômico que não necessariamente a concessão de mais empregos com carteira assinada.

Richard M. Bird, ao comentar o sistema tributário argentino existente a partir de 1975, ressalta que o uso indiscriminado da tributação para fins não fiscais, como a concessão de incentivos específicos muito custosos, acabou na realidade por "erodir" o imposto sobre o valor adicionado (VAT) lá instituído[49].

---

[48] DANTAS, Iuri. Indústria automobilística teve isenção de R$ 1 milhão por emprego criado. **Estadão**, Brasília, Jul./2012, Economia. Disponível em <http://www.estadao.com.br/noticias/impresso,industria-automobilistica-teve-isencao-de-r-1-milhao-por-emprego-criado,894467,0.htm>. Acesso em: 09/09/2014.

[49] "A base do IVA argentino havia sido muito corroída desde a sua introdução em 1975 por deficiências administrativas com relação a pequenos contribuintes e por desonerações legislativas para grandes contribuintes, especialmente alguns incentivos regionais mal concebidos e custosos." Tradução nossa. Versão original: "The base of the Argentine VAT had been badly eroded since its introduction in 1975 by administrative deficiencies regarding small taxpayers

Entendemos, portanto, que renúncias fiscais setoriais tendem a ser muito custosas por diminuírem a receita arrecadada e não trazerem necessariamente a contrapartida econômica esperada (como a geração de empregos, no caso da desoneração brasileira ora estudada).

Quando ocorre renúncia de receita, há necessidade de se equilibrar o gasto público, para que haja cumprimento à Lei de Responsabilidade Fiscal já indicada anteriormente (artigo 14 da Lei Complementar nº 101/2000). Isso deve ser feito para se evitar que haja déficit, o qual pode gerar efeitos macroeconômicos adversos, como opor exemplo o aumento da inflação, juros mais altos, déficit nas transações externas e o crescimento da dívida pública, ainda que a renúncia traga vantagens para seus beneficiários diretos[50].

Especificamente com relação à desoneração e considerando que a contribuição social sobre remunerações se destina ao financiamento da seguridade social, por força do artigo 9º, inciso IV, da Lei nº 12.546/2011, a União "compensará o Fundo do Regime Geral de Previdência Social, de que trata o art. 68 da Lei Complementar no 101, de 4 de maio de 2000, no valor correspondente à estimativa de renúncia previdenciária decorrente da desoneração, de forma a não afetar a apuração do resultado financeiro do Regime Geral de Previdência Social (RGPS)"[51].

Em decorrência disso, e do disposto no § 2º[52] do mesmo artigo, a Receita Federal do Brasil ("RFB") produziu relatórios mensais sobre o valor da

---

and by legislative giveaways to large taxpayers, especially some ill-conceived and costly regional incentives." BIRD, Richard M. **Tax Reform in Latin America: A Review of Some Recent Experiences**. Latin American Research Review, vol. 27, nº 1 (1992), p. 19.

[50] PELLEGRINI, Josué; MENDES, Marcos. O que é desoneração da folha de pagamento e quais são seus possíveis efeitos? Brasil, Economia e Governo. Disponível em http://www.brasil-economia-governo.org.br/2014/08/11/o-que-e-desoneracao-da-folha-de-pagamento--e-quais-sao-seus-possiveis-efeitos. Acesso em 07/09/2015.

[51] A compensação financeira é realizada com base na Portaria Conjunta INSS / MPS / RFB / STN nº 2, de 28 de março de 2013. Confira-se o disposto no artigo 3º dessa Portaria:
"Art. 3º Compete à Secretaria do Tesouro Nacional – STN, com base nos valores informados pela RFB até o 5º dia útil de cada mês e observada a dotação orçamentária existente, promover a execução da despesa orçamentária no âmbito do órgão Encargos Financeiro da União – EFU, em ação e elemento de despesa próprios, com favorecimento ao Fundo do Regime Geral de Previdência Social – FRGPS, até o décimo dia útil do respectivo mês."

[52] § 2º A compensação de que trata o inciso IV do caput será feita na forma regulamentada em ato conjunto da Secretaria da Receita Federal do Brasil, Secretaria do Tesouro Nacional do

renúncia fiscal decorrente da medida e com informações sobre o número de contribuintes beneficiados e a respectiva quantidade de empregados, de acordo com cada setor econômico[53].

Com base em relatório disponibilizado pela RFB[54], a renúncia fiscal decorrente da desoneração foi de R$ 3,6 milhões em 2012, R$ 12 milhões em 2013, e R$ 7,8 milhões entre janeiro e maio/2014. A RFB também registrou o aumento do número de contribuintes sujeito à CPRB, que variou de 32,5 mil em 2012 para 78,3 mil em maio de 2014.

Com relação à quantidade de vínculos trabalhistas, determinados setores econômicos, em princípio, registraram aumento expressivo. Como exemplo, no setor têxtil, houve aumento de 50 mil em 2012 para aproximadamente 210 mil em novembro de 2014; no setor de fabricação de celulose, papel e produtos de papel, houve aumento de 254 em 2012 para 119.646 em novembro de 2014; no setor de metalurgia houve aumento de 254 em 2012 para 58.537 em novembro de 2014.

Contudo, é preciso ter cuidado com os dados estatísticos apresentados pela RFB. O aumento no número de vínculos pode decorrer do aumento do número de contribuintes de determinado setor, e não da geração de mais empregos como resultado da política de desoneração. Isso ocorreu, por exemplo, com empresas do ramo de fabricação de celulose, papel e produtos de papel, na linha do que apontado no próprio estudo da RFB indicado acima. Ademais, como alertado em estudo produzido no âmbito do Instituto Brasileiro de Economia ("IBRE") da FGV[55], o aumento no número de vínculos decorre também do aumento dos setores beneficiados

---

Ministério da Fazenda, Instituto Nacional do Seguro Social – INSS e Ministério da Previdência Social, mediante transferências do Orçamento Fiscal. (Incluído pela Lei nº 12.715, de 2012)

[53] Disponível em http://idg.receita.fazenda.gov.br/dados/receitadata/gastos-tributarios/renuncia-fiscal-setorial. Acesso em 04/09/2015.

[54] RECEITA FEDERAL DO BRASIL, Desoneração da Folha de Pagamento: Estimativa de Renúncia e Metodologia de Cálculo, disponível em http://idg.receita.fazenda.gov.br/dados/receitadata/gastos-tributarios/renuncia-fiscal-setorial/relatorio-das-desoneracoes/PublicaoatMAR201520_07_2015.pdf
http://idg.receita.fazenda.gov.br/dados/receitadata/gastos-tributarios/renuncia-fiscal-setorial/relatorio-das-desoneracoes/DesoneraodafolhaatABR201524_08_2015.xlsx. Acesso em 04/09/2015.

[55] PINTO, Vilma da Conceição; AFONSO, José Roberto; BARROS, Gabriel Leal de. Avaliação Setorial da Desoneração da Folha de Salários – versão preliminar. Fevereiro de 2014. FGV IBRE, disponível em http://goo.gl/wfLEiR. Acesso em 05/09/2015.

pela desoneração (o que inclui empresas que desenvolvem diferentes atividades em cada setor, por exemplo) e não necessariamente de efetivo aumento de contratações pelas mesmas empresas dos mesmos setores analisados.

Não é possível afirmar com clareza, portanto, se houve efetivo aumento de contratações, embora isso seja um resultado possível. Da mesma forma que pode ter ocorrido ao menos a formalização de relações de emprego já existentes e não necessariamente aumento significativo de novas contratações. Por isso, nosso entendimento é o de que o estudo acerca do aumento do número de contratações não pode ser analisado isoladamente para se identificar se a desoneração da folha foi fator determinante para esse aumento.

Não obstante, e para termos alguma referência, o referido estudo da RFB aponta que houve aumento de 41,9% em quantidade de vínculos empregatícios, saltando de 5,2 milhões em 2012 para 7,8 milhões até setembro de 2013. No entanto, aponta também que o custo da desoneração por emprego gerado cresceu muito, sendo que entre 2012 e 2013 esse custo foi 53,7% maior que em 2012[56].

Nota-se assim que, mesmo que tenha ocorrido aumento na quantidade de empregos formais, o custo desse aumento é muito elevado, o que torna o regime da desoneração insustentável a longo prazo.

Outra questão que pode ser apontada com relação às relações de emprego é que a desoneração da folha pode reduzir o custo de contratação e, assim, pressionar mais o mercado de trabalho, na medida em que eleva os salários e, portanto, o custo das empresas. Em razão disso, os setores não contemplados por desonerações podem arcar com custo mais alto de mão de obra sem que haja ganho com redução de impostos[57]. Novamente, ocorre o efeito inverso do pretendido: ao invés de a desoneração levar ao aumento de empregos, pode haver aumento dos salários nos setores beneficiados. Isso está em linha com nosso entendimento de que incentivos setoriais muito específicos dificilmente alcançam o efeito desejado.

---

[56] *Id Ibidem*. p. 3
[57] PELLEGRINI, Josué; MENDES, Marcos. O que é desoneração da folha de pagamento e quais são seus possíveis efeitos? Brasil, Economia e Governo. Disponível em http://www.brasil-economia-governo.org.br/2014/08/11/o-que-e-desoneracao-da-folha-de-pagamento-e-quais-sao-seus-possiveis-efeitos. Acesso em 07/09/2015.

Paralelamente ao relatório da RFB e como já mencionado anteriormente, a ANFIP publicou nota técnica[58] por meio da qual constatou que o programa de desoneração afetou negativamente as contas da Previdência Social. Estimou-se (em síntese, comparando-se a arrecadação resultante da CPRB com a que seria paga aplicando-se a contribuição patronal de sobre a folha) que a perda de arrecadação para a Previdência Social foi de R$ 31,5 bilhões, dos quais apenas R$ 18,1 bilhões foram repostos com recursos do orçamento fiscal, restando, portanto, um déficit de R$ 13,5 bilhões em 2014[59].

Nesse estudo, apurou-se que houve significativa redução no valor da contribuição previdenciária devida para todos os setores beneficiados. E essa redução foi mais considerável ainda porque a indústria de transformação, na qual as exportações representam parcela importante do faturamento, foi um dos principais alvos da CPRB, enquanto que a receita de exportação é imune à incidência de contribuições sociais (conforme artigo 149, § 2º, inciso I, da CF/88). Ou seja, parcela significativa das empresas sujeitas à CPRB (da indústria de transformação) parou de tributar a folha de salários (ao menos parcialmente) e, também, deixou de recolher parcela significativa da CPRB, em razão da imunidade constitucional de receitas de exportação[60]. Houve dupla desoneração sem a contrapartida de desenvolvimento econômico dessas empresas suficiente para compensar a perda de arrecadação, o que, a nosso ver, demonstra a pouca eficácia da CPRB.

Além desses estudos, o Departamento Intersindical de Estatísticas e Estudos Socioeconômicos ("DIEESE") publicou a Nota Técnica nº 145,

---

[58] Associação Nacional dos Auditores-Fiscais da Receita Federal do Brasil ("ANFIP"). Nota Técnica: Desoneração da Folha de Pagamentos: Impactos no Financiamento da Previdência Social, 2015. Disponível em http://www.anfip.org.br/publicacoes/20150730181429_Nota-Tecnica-Desoneracao-da-Folha-de-Pagamentos-Impactos-no-Financiamento-da-Previdencia-Social_30-07-2015_nota_tecnica-FINAL.pdf. Acesso em 04/09/2015.

[59] Associação Nacional dos Auditores-Fiscais da Receita Federal do Brasil ("ANFIP"). Desoneração: Estudo comprova prejuízo às contas da Previdência. Disponível em http://www.anfip.org.br/informacoes/noticias/Desoneracao-Estudo-comprova-prejuizo-as-contas-da-Previdencia_31-07-2015. Acesso em 04/09/2015.

[60] Associação Nacional dos Auditores-Fiscais da Receita Federal do Brasil ("ANFIP"). Nota Técnica: Desoneração da Folha de Pagamentos: Impactos no Financiamento da Previdência Social, 2015. Disponível em http://www.anfip.org.br/publicacoes/20150730181429_Nota-Tecnica-Desoneracao-da-Folha-de-Pagamentos-Impactos-no-Financiamento-da-Previdencia-Social_30-07-2015_nota_tecnica-FINAL.pdf. Acesso em 04/09/2015, p. 27-33.

de junho de 2015, intitulada "O Projeto de Lei 863/2015 e as Mudanças na Desoneração da Folha"[61], em que fez considerações sobre o referido projeto (em sua redação original) e as possíveis repercussões no mercado de trabalho e na arrecadação previdenciária.

O DIEESE identificou três estudos sobre o efeito da desoneração na contratação de mão de obra; contudo, sugere que seria mais prudente aprofundar as análises, pois aparentemente a relação entre custo e benefício parece envolver alto grau de imprecisão[62].

O Departamento concluiu também que, com a facultatividade do regime da desoneração instituído recentemente, empresas com relação folha/receita bruta no mercado interno próxima ou abaixo de um ponto de equilíbrio podem ser estimuladas a reduzir a folha de pagamento, ou seja, demitir empregados, terceirizar parte de sua produção e/ou adquirir produtos prontos ou componentes importados, de forma a reduzir sua carga tributária. Concluiu também que, ao introduzir o direito de as empresas escolherem entre a CPRB e a contribuição sobre a folha, são suprimidos os efeitos inicialmente pretendidos, indutores da geração de empregos e da formalização dos contratos de trabalho, ao passo que não será equacionado o desequilíbrio fiscal gerado com a desoneração. "Ou seja, pode-se colher tanto continuidade do desajuste nas contas públicas quanto desemprego"[63].

A partir dessas análises, conclui-se que a desoneração não necessariamente levou ao aumento das contratações formais de mão de obra (pois, reitere-se, a economia tributária pode ter sido direcionada a outros objetivos empresariais) e a reversão do regime, da forma como ocorrida, pode levar à redução da oferta de trabalho, já que empresas podem pretender reduzir gastos com funcionários para compensar a revogação do incentivo fiscal antes concedido.

Para justificar a reversão parcial da política de desoneração da folha de pagamentos, o Ministério da Fazenda publicou documento com "Considerações sobre o Projeto de Lei nº 863/2015 – Desoneração da Folha de Pagamento",

---

[61] Departamento Intersindical de Estatísticas e Estudos Socioeconômicos ("DIEESE"), Nota técnica nº 145, de junho de 2015: O Projeto de Lei 863/2015 e as Mudanças na Desoneração da Folha, disponível em http://www.dieese.org.br/notatecnica/2015/notaTec145desoneracao.pdf, acesso em 05/09/2015.
[62] Id. Ibidem. p. 8-9 e 16.
[63] Id. Ibidem. p. 15-16.

em abril de 2015[64]. Nesse documento, é apontado que a desoneração foi consideravelmente ampliada e gerou consequências que vão além de seu objetivo original. Dentre elas, houve renúncia fiscal de R$ 21,6 bilhões em 2014 (0,39% do PIB), dissociação entre o nível de arrecadação previdenciária e o volume da massa salarial, aumento da regressividade do sistema tributário, criação de novo tributo em cascata (cumulativo), desincentivo ao investimento (pois não se privilegia empresas que investem na industrialização da produção e, consequentemente, em menor necessidade de mão de obra) e aumento do custo administrativo[65].

Dentre esses aspectos, destaca-se o desincentivo ao investimento. O estímulo à contratação de mão de obra pela CPRB pode fazer com que as empresas eventualmente deixem de investir na modernização industrial de seu parque produtivo para privilegiar a contratação de empregados. Quem investe mais em industrialização (e em eficiência produtiva) estaria sendo prejudicado sob o ponto de vista da eficiência econômica, pois não aproveitaria os benefícios da desoneração, entendimento com o qual concordamos.

Ao final, o Ministério da Fazenda aponta também estimativa de que o custo para cada emprego criado ou preservado pela desoneração é de R$ 60.000,00 anuais, montante este cerca de três vezes o salário médio anual de admissão registrado no Cadastro Geral de Empregados e Desempregados ("CAGED"), o que torna o custo-benefício do programa muito alto[66]. Indubitavelmente, a desoneração da folha, como instituída, foi muito custosa.

Além desses estudos, a Secretaria de Política Econômica do Ministério da Fazenda publicou uma Nota de Análise sobre a desoneração da folha em abril de 2015[67], em decorrência dos resultados dos estudos conduzidos

---

[64] MINISTÉRIO DA FAZENDA, Considerações sobre o Projeto de Lei nº 863/2015 – Desoneração da Folha de Pagamento, Abril de 2015, disponível em http://www.fazenda.gov.br/area-destaques/consideracoes-sobre-o-pl-8632015-2013-desoneracao/at_download/arquivo. Acesso em 05/09/2015.

[65] Id. Ibidem. p. 1, 8-11.

[66] Id. Ibidem. p. 11-12.

[67] MINISTÉRIO DA FAZENDA, Secretaria de Política Econômica, abril de 2015. Disponível em http://www.spe.fazenda.gov.br/noticias/nota-de-analise-sobre-desoneracao-da-folha. Acesso em 08/09/2015.

no âmbito da avaliação sobre os impactos da medida prevista em lei. Nessa nota, foi apontado, em síntese, o seguinte:

> "(...) as medidas de desoneração, especialmente com a renúncia tributária gerada, não trouxeram benefícios econômicos e de geração de emprego significativos. Considerando o custo da dívida pública, a renúncia tributária mostra-se excessivamente onerosa, alcançando 0,5% do PIB (como comparação, a meta de superávit primário para 2015 é de 1,2% do PIB). A eficiência do projeto também é questionável, pois, mesmo nos setores em que se registram aumentos no emprego, cada emprego gerado ou preservado custa em torno de R$63.000, comparado com um salário médio de admissão do CAGED de aproximadamente R$20.400 por ano.
>
> Os dados também indicam um custo de administração do programa elevado, um impacto essencialmente regressivo e um descasamento entre contribuição e benefícios da Previdência Social. (...)
>
> Em suma, a política de desoneração da folha de pagamentos conseguiu, em certa medida, alcançar seus objetivos em um ambiente econômico muito específico criado pelas políticas anticíclicas das grandes economias, mas tornou-se excessivamente oneroso ao longo do tempo. O modelo adotado no Brasil, com renúncia fiscal e sem foco na competitividade externa, apresentou, segundo a maior parte dos estudos, um custo de oportunidade social elevado. Em outras palavras, ele não teve grande capacidade de geração de emprego, até pelo aquecimento do mercado de trabalho, que tendia a transformar em pressão salarial o aumento de demanda causado pela expansão fiscal subjacente à renúncia tributária embutida no programa. E, o custo dos recursos públicos despendidos com cada emprego criado com base na política foi próximo a R$ 60 mil para cada emprego com salário anual médio de R$ 20 mil. Além disso, o aumento da tributação indireta não é isento do risco de ser regressivo, e a tributação sobre o faturamento, daquele de ser ineficiente, ao trazer de volta a tributação em cascata – ainda que esse efeito sobre as empresas fosse mascarado pela renúncia fiscal. No novo ambiente de maior competitividade externa do Brasil e restrição orçamentária para se alcançar o equilíbrio fiscal indispensável para estimular o investimento e o crescimento econômico sustentável, esses fatores militam, portanto, pelo redimensionamento da política de desoneração da folha.

Além disso, como indicamos anteriormente, na exposição de motivos da MP nº 774/2017 estimou-se que, com a restrição de setores desonerados, a renúncia fiscal reduzida para o ano de 2017 seja de R$ 4,75 bilhões e para o ano de 2018 de R$ 12,55 bilhões[68].

Em decorrência disso, com base nos dados já apurados acerca da desoneração, concluímos que a desoneração foi medida muito custosa e que não trouxe efetivos benefícios econômicos. A renúncia de receita criada pelo governo federal não foi compensada pelo efetivo aumento da contratação de mão de obra e o valor da contribuição social economizado pelos contribuintes não gerou o desejado desenvolvimento econômico do país como um todo. Portanto, o modelo de desoneração brasileiro não foi implantado de forma muito eficiente.

5.3. Princípio da isonomia

Com base no princípio da isonomia, assegura-se a igualdade de todos perante a lei, sem distinção, garantindo-se a inviolabilidade do direito à vida, à liberdade, à igualdade, à segurança e à propriedade (artigo 5º, *caput*, da CF/88), inclusive entre homens e mulheres (artigo 5º, inciso I)[69]. No plano tributário, o artigo 150, inciso II, da CF/88, determina que é vedado à União, aos Estados, ao Distrito Federal e aos Municípios instituir tratamento desigual entre contribuintes que se encontrem em situação equivalente, proibida qualquer distinção em razão de ocupação profissional ou função por eles exercida, independentemente da denominação jurídica dos rendimentos, títulos ou direitos.

Do princípio da isonomia decorrem também a neutralidade e não discriminação, com base nos quais o Estado deve tratar igualmente agentes econômicos em situações similares. Neutralidade refere-se a "não intervir". Considerando que a tributação é uma forma de intervenção, ela não ocorrerá de forma plena; contudo, o que não se pode permitir é a discriminação, a qual pode tornar incoerente a função estatal no âmbito da ordem econômica teorizada na Constituição[70].

Nesse sentido, a não discriminação enseja tratamento igual, sem privilégios desproporcionais. Trata-se igualmente os iguais em relação ao

---

[68] Disponível em http://www.planalto.gov.br/ccivil_03/_Ato2015-2018/2017/Exm/Exm-MP-774-17.pdf. Acesso em 2 de abril de 2017.

[69] Nesse sentido, confira-se BELTRÃO, Demétrius Amaral. Isenção e Isonomia: Aspectos Econômicos da Tributação. Revista de Direito Tributário Atual nº 26, p. 217.

[70] ELALI, André; LUCENA JR., Fernando. Visão Crítica sobre as Teorias da Neutralidade e não Discriminação da Tributação. Revista de Direito Tributário Atual nº 26, p. 167.

mesmo critério de diferenciação. Assim, não ocorre discriminação com a liberdade do mercado e com a globalização das relações, preocupação esta existente inclusive em tratados de livre comércio[71].

Com isso, respeitam-se os princípios e regras da ordem econômica, previstos por exemplo no artigo 170 da CF/88, os quais são interligados e indissociáveis com os fundamentos do sistema tributário[72]. Dentre esses princípios, ressalte-se o da livre concorrência (inciso IV do artigo 170), com base no qual o Estado não poderia dar tratamento tributário diferenciado a contribuintes em situação equivalente.

No início, a CPRB era obrigatória para empresas escolhidas pelo Governo Federal por meio de Medidas Provisórias. Houve redução da tributação total para muitas delas; no entanto, é possível que tenha ocorrido aumento da tributação para outras empresas, como por exemplo para aquelas que investem em tecnologia, conseguem promover sua industrialização com menos empregados e possuem alto faturamento. E para outras empresas, pode não ter havido relevantes alterações quanto ao ônus tributário.

Em outros casos, empresas sujeitas à CPRB se beneficiam disso, enquanto outras de setores econômicos semelhantes (mas que fabricam produtos de NCM não contemplado pela desoneração, por exemplo) não puderam usufruir do mesmo incentivo. Há, portanto, condições diferenciadas para empresas em condições semelhantes e eventualmente concorrentes entre si, o que pode afetar a livre concorrência. A regra extrafiscal está, nesse caso, estabelecendo critérios desuniformes em relação a contribuintes sujeitos a situação análoga, o que entendemos ser inadequado.

É possível também que empresas de setores econômicos atualmente não sujeitos à desoneração pudessem se beneficiar da nova contribuição sobre a receita, se fossem incluídas no regime pela legislação. Sob esse ponto de vista, entendemos que seria injusto mantê-las obrigadas à sistemática anterior de tributação sobre a folha. A eleição de diversos novos setores econômicos como sujeitos à desoneração por meio de MPs publicadas após a instituição da CPRB demonstra a demanda dos empresários desses outros setores de também se beneficiar da desoneração – prova de que o rol inicialmente escolhido pelo Governo era muito restrito e não refletia a realidade econômica de muitas empresas.

---

[71] Id. Ibidem. p. 167.
[72] LIMA JR., Joel Gonçalves de; FERRAZ, Roberto. Princípios da Ordem Econômica como Limitação ao Poder de Tributar. Revista de Direito Tributário nº 104, p. 157.

Vê-se, portanto, a quantidade de problemas que podem surgir quando se institui nova exação setorizada, cujos contemplados são apenas os escolhidos pelo Governo Federal. Pela ampla diversidade de realidades existente em cada setor econômico e empresa, o risco de se criar discriminação injusta com a criação desse tipo de tributo é significativo.

No âmbito dessa discussão, o Poder Judiciário foi demandado para solucionar controvérsias em determinados casos. Citem-se, nesse sentido, Acórdãos do Tribunal Regional Federal ("TRF") da 4ª Região, por meio dos quais se reconheceu que empresa sujeita à desoneração da folha mas que, na prática, sofreu aumento em sua carga tributária, deve voltar a recolher a contribuição pela sistemática antiga:

> "TRIBUTÁRIO. CONTRIBUIÇÃO PREVIDENCIÁRIA. SUBSTITUIÇÃO DA BASE DE CÁLCULO. RECEITA BRUTA. LEI Nº 12.546/2011. CONSTITUCIONALIDADE. PECULIARIDADE DO CASO. EFEITO INVERSO. LACUNA SUPRIMIDA POR REDUÇÃO TELEOLÓGICA. APLICAÇÃO DO ART. 22, I E III, DA LEI Nº 8.212/91.
>
> 1. Baseado no disposto no § 13 do art. 195, da CF, acrescentado pela Emenda Constitucional nº 42/2003, a Lei nº 12.546, de 14 de dezembro de 2011, fruto da conversão da Medida Provisória nº 540, de 02 de agosto de 2011, estabeleceu, inicialmente, em seu art. 8º, a substituição das contribuições previdenciárias previstas nos incisos I e III do art. 22 da Lei nº 8.212, de 1991, pela contribuição sobre o valor da receita bruta, à alíquota de 1,5%. Posteriormente, foi editada a Medida Provisória 563, convertida na Lei nº 12.715/2012, em 17 de setembro de 2012, alterando a alíquota para 1%.
>
> 2. A Lei nº 12.546/2011 foi editada com base na autorização constitucional, e, sendo assim, não apresenta qualquer irregularidade. A contribuição prevista no artigo 8º da referida lei incide sobre a receita bruta, uma das fontes de custeio da Seguridade Social já prevista no texto constitucional, a teor do art. 195, I, 'b'.
>
> **3. O Governo Federal resolveu adotar a substituição das contribuições previdenciárias previstas nos incisos I e III do art. 22 da Lei no 8.212, pela contribuição sobre a receita bruta, visando, dentre outras medidas, desonerar a folha de pagamento para geração de emprego e formalização das relações de trabalho, mas numa análise mais abrangente, tem a finalidade de fomentar as atividades, criando condições propícias à retomada de investimentos produtivos, melhorar a competitividade e produtividade da indústria.**

4. A adoção da medida foi favorável para grande parte das empresas contempladas pela substituição da base de cálculo da contribuição previdenciária. Entretanto, para outras, como o caso da empresa impetrante, que têm alto faturamento e poucos funcionários, que terceirizam parte de sua mão de obra e que produzem com alto valor agregado, representou aumento de custo.

5. Caso em que a aplicação da nova sistemática contrapõe-se ao propósito da medida, pois a oneração da carga tributária – mormente diante da conjuntura econômica interna e internacional – impossibilita a almejada elevação da competitividade, o fortalecimento da indústria nacional e o crescimento econômico.

6. O regime jurídico instituído pela Lei nº 12.546/2011 aplicado à empresa impetrante produz efeito inverso. Não se trata de constitucionalidade ou inconstitucionalidade da lei em tese, e sim de interpretação e integração da norma que da expressão literal da norma, de acordo com a analogia, os costumes e os princípios gerais de direito, buscando, assim, adequá-la de acordo com seu sentido finalista.

7. Com intuito de integrar a lacuna, deve ser reconhecido à empresa impetrante o direito de permanecer recolhendo a contribuição sobre a folha de salários, nos termos do art. 22, I e III, da Lei nº 8.212/91, assim como permanecem procedendo as empresas que não foram contempladas pela Lei nº 12.546/2011."

(Apelação Cível nº 5001811-23.2013.404.7107/RS, Relatora: Maria de Fátima Freitas Labarrère, da 2ª Turma do E, Tribunal Regional Federal da 4ª região, julgado em 10 de setembro de 2014. Grifos nossos)

TRIBUTÁRIO. CONTRIBUIÇÃO PREVIDENCIÁRIA. SUBSTITUIÇÃO DA BASE DE CÁLCULO. RECEITA BRUTA. MEDIDA PROVISÓRIA 540, CONVERTIDA NA LEI Nº 12.546/2011. CONSTITUCIONALIDADE. PECULIARIDADE DO CASO. EFEITO INVERSO. LACUNA SUPRIMIDA POR REDUÇÃO TELEOLÓGICA.

1. A Medida Provisória nº 540, posteriormente convertida na Lei nº 12.546/2011, visou, dentre outras medidas, desonerar a folha de pagamento das empresas que prestam serviços de tecnologia da informação – TI e tecnologia da informação e comunicação – TIC, bem como das indústrias moveleiras, de confecções e de artefatos de couro, visando à formalização das relações de trabalho e ao fomento das atividades de tais setores.

2. A Constituição, no § 13 do art. 195, autoriza a possibilidade da substituição das contribuições previdenciárias incidentes sobre a folha de salários

e os rendimentos do trabalho por aquelas incidentes sobre a receita ou sobre o faturamento. A Lei nº 12.546/2011 tem respaldo na Constituição.

3. A contribuição prevista na Lei nº 12.546/2011 incide sobre a receita bruta, uma das fontes da Seguridade Social, a teor do art. 195, I, 'b', da Constituição. Logo, não há necessidade de Lei Complementar.

4. O § 13 do art. 195 da Constituição determina a aplicação do disposto no § 12 do mesmo dispositivo na hipótese de substituição da contribuição incidente sobre a folha para aquelas incidentes sobre as outras fontes de custeio da seguridade social. Isso não significa que a lei que determina a substituição tenha que obrigatoriamente estabelecer a não-cumulatividade na nova sistemática.

5. **Caso em que o regime instituído pela Lei nº 12.546/2011, adequado e legítimo para harmonizar interesses juridicamente relevantes das empresas e dos trabalhadores, revelou-se extremamente nocivo quanto aplicado concretamente com relação à empresa autora.**

6. O sentido dos arts. 7º e 8º da Lei nº 12.546/2011 está em melhorar a competitividade da indústria e a geração de emprego e renda, mediante a desoneração da folha de salários. **Se os dispositivos não prevêem situações em que sua aplicação produz o efeito inverso, contrário aos seus objetivos, surge a lacuna, que deve ser integrada pelo julgador, no caso concreto**.

7. Reconhecido o direito da empresa autora continuar recolhendo integralmente as contribuições na forma do art. 22 da Lei nº 8.212/91.

(Apelação Cível nº 5042934-65.2012.404.7000/PR, Relator: Jorge Antonio Maurique, da 1ª Turma do E, Tribunal Regional Federal da 4ª região, julgado em 20 de agosto de 2014. Grifos nossos)

Privilegiou-se, assim, o objetivo da desoneração, criada, em linhas gerais, para propiciar melhores condições econômicas às empresas. Se em um ou outro caso houve oneração ao invés de desoneração, a CPRB não pode ser de observância compulsória, como reconhecido pelo TRF da 4ª Região.

O controle casuístico do atingimento do objetivo da desoneração pelo Poder Judiciário, contudo, implica aumento da quantidade de ações judiciais (e consequentemente de recursos gastos para sua tramitação) e não traz garantia de que, efetivamente, uma ou outra empresa prejudicada terá reconhecido seu direito de não se submeter à CPRB, considerando que cada Magistrado pode julgar a causa de forma diferente. Melhor seria, portanto, evitarem-se exações setorizadas.

Parte do problema pode ter sido sanada com a publicação da Lei nº 13.161/2015. A sistemática da desoneração tornou-se facultativa, o que pode reduzir litígios sobre o assunto. Contudo, ainda não é possível que empresas de quaisquer setores econômicos (e que potencialmente poderiam ser beneficiadas com a CPRB) possam optar pela sistemática, e por isso a isonomia ainda pode estar sendo violada em determinados casos.

Nesse sentido, a nosso ver e aplicando-se o racional adotado nos Acórdãos do TRF da 4ª Região indicados acima, recomenda-se alteração legislativa que ao menos garanta o direito de todas as empresas de se submeterem ao recolhimento da CPRB caso esta lhes seja mais favorável, especialmente para que não se trate desigualmente contribuintes de setores econômicos semelhantes, em respeito ao princípio da isonomia.

Obviamente essa medida teria impactos orçamentários muito relevantes e, por isso, não poderia ser adotada sem ao menos estudo prévio de quais medidas seriam adotadas para compensar a perda de arrecadação.

Outro aspecto trazido pela Lei nº 13.161/2015 pode ser objeto de questionamento judicial. Levando-se em consideração o princípio da isonomia, não há justificativa para que determinados setores econômicos sujeitos à desoneração sejam beneficiados com alíquotas menores enquanto outros são prejudicados com alíquotas maiores. Havia cinco alíquotas vigentes: 1%, 1,5%, 2,5%, 3% e 4,5%, e em razão da MP nº 774/2017 há três alíquotas vigentes: 1,5%, 2% e 4,5%.

5.4. Princípio da simplicidade da tributação

A CPRB possui particularidades que dificultam tanto sua apuração pelos contribuintes como a fiscalização e controle por parte da RFB. Isso aumenta custos para compreensão do novo tributo e manutenção da conformidade com a legislação, como também aumenta a quantidade de discussões administrativas e judiciais sobre o assunto, o que torna a apuração do tributo mais complexa e gera inclusive insegurança jurídica.

Inicialmente, a base de cálculo escolhida, receita bruta, sempre foi (e ainda é) assunto controverso na jurisprudência. De início, ressalte-se que a Lei nº 12.973/14 trouxe alterações no conceito de receita bruta do PIS e da COFINS que não foram expressamente previstas para a CPRB e, por isso, pode haver certa confusão. Para apuração da nova contribuição, os contribuintes devem incorrer em custos para compreendê-la e se adaptar às novas regras.

Ademais, discussões sobre a amplitude do conceito de receita bruta existentes para o PIS e a COFINS acabam sendo refletidas também para a CPRB, o que aumenta o número de discussões administrativas e judiciais sobre o tema.

Como exemplo, cite-se a histórica discussão acerca da inclusão ou não do ICMS e do ISS na base de cálculo (faturamento ou receita bruta) do PIS e da COFINS, que já encontra precedentes relativos à CPRB:

> TRIBUTÁRIO. CONTRIBUIÇÕES PREVIDENCIÁRIAS. LEI Nº 12.546/2011. ICMS.
>
> A Lei nº 12.546/11, com a finalidade de desonerar a folha de salários de alguns setores econômicos, promoveu a substituição da tributação sobre a folha de salários, adotando uma nova contribuição sobre a receita bruta das empresas.
>
> Os valores referentes ao ICMS não integram a receita bruta para efeito da apuração da base de cálculo da contribuição substitutiva prevista na Lei nº 12.546/11.
>
> (...) Friza-se que a Lei 12.546/2011 não conceitua o significado do termo 'receita bruta', o que levou a própria Receita Federal a utilizar-se, no Parecer Normativo nº 3/2012, da legislação relativa ao PIS e à COFINS, porquanto tais contribuições têm como fato o auferimento de receita por pessoa jurídica.
>
> **A discussão a respeito dessa exclusão não é nova em relação ao PIS/Cofins e pode ser aplicada, analogicamente, no cálculo da contribuição previdenciária criada pela Lei 12.546/2011.**
>
> Com efeito, o Plenário do Supremo Tribunal Federal conclui o julgamento do RE 240.785/MG, em 08/10/2014, decidindo pela dedução do aludido imposto da base de cálculo da COFINS, ante a **inconstitucionalidade da inclusão do ICMS na base de cálculo da COFINS**, por violação ao art. 195, I,'b', da Constituição Federal. A base de cálculo das exações em questão somente pode incidir sobre o faturamento, entendido como o produto da venda de mercadorias e da prestação de serviços, conforme há muito assentado pelo Supremo nos Recursos Extraordinários n.º 346.084, 357.950, 358.273 e 390.840, ocasião em que restou declarada a inconstitucionalidade do § 1º do artigo 3º da Lei nº 9.718, de 1998. Logo, receitas de naturezas diversas não podem integrar a base de cálculo das contribuições em comento.
>
> No particular, adoto o entendimento exarado pelo STF no RE nº 240.785 a respeito do tema, no sentido de que não há, pelo contribuinte, faturamento do ICMS, pois tal tributo não pode ser considerado parte do somatório dos valores

das operações negociais realizadas pela empresa, haja vista o contribuinte atuar apenas como mediador do repasse desta exação aos cofres públicos. Ademais, ainda que o julgamento não tenha sido submetido ao regime de repercussão geral, trata-se de decisão do Pleno do Supremo Tribunal Federal, intérprete máximo da Constituição.

(Apelação Cível nº 5010213-56.2014.404.7108/RS, Relatora: Juíza Federal Carla Evelise Justino Hendges, da 2ª Turma do E, Tribunal Regional Federal da 4ª região, julgado em 4 de novembro de 2014. Grifos nossos)

Outra questão que pode repercutir nos órgãos julgadores administrativos e no Poder Judiciário é a da imunidade ou não de receitas de vendas a empresas comerciais exportadoras. Como mencionado anteriormente, as receitas de exportação são imunes à incidência de contribuições sociais (artigo 149, § 2º, inciso I, da CF/88). No entanto, a RFB entende que receitas de vendas a empresas comerciais exportadoras devem ser tributadas:

ASSUNTO: Contribuições Sociais Previdenciárias EMENTA: CPRB. CONTRIBUIÇÃO PREVIDENCIÁRIA SUBSTITUTIVA. RECEITA BRUTA. BASE DE CÁLCULO. RECEITA DE EXPORTAÇÃO. EMPRESA COMERCIAL EXPORTADORA. **As receitas de vendas a empresas comerciais exportadoras integram a base de cálculo da Contribuição Previdenciária sobre a Receita Bruta (CPRB) de que tratam os arts. 7º a 9º da Lei nº 12.546, de 2011.** DISPOSITIVOS LEGAIS: CTN, art. 108; Lei nº 12.546, de 2011, art. 9º, II, "a"; IN RFB nº 971, de 2009, art. 170, § 1º e 2º e art. 171, I; Parecer PGFN/CAT nº 1.724, de 2012. (...)

(Solução de Consulta COSIT nº 42, de 2 de dezembro de 2013, publicada em 30/01/2014)

Além desses pontos, dificuldades de compreensão e apuração da CPRB (e que podem também levar ao aumento de discussões administrativas e judiciais) ocorrem por diversos motivos. Cite-se o fato de que as empresas ainda estão obrigadas a apurar a contribuição para o financiamento de despesas com o Seguro Acidente do Trabalho (SAT) / Riscos Ambientais do Trabalho (RAT) e de terceiras entidades. Na prática, continuam a cumprir as obrigações acessórias anteriores para apurar os tributos sobre a folha e agora devem calcular um novo tributo.

Ademais, antes da MP nº 774/2017, as empresas (i) deveriam verificar se estavam enquadradas na nova modalidade em razão das atividades desenvolvidas, da fabricação de produtos listados pelo código da Nomenclatura Comum do Mercosul ("NCM") ou por estarem enquadradas em determinados códigos da Classificação Nacional de Atividades Econômicas ("CNAE"); e (ii) poderiam ser obrigadas a calcular a contribuição social sobre a folha de salários e também a realizar o pagamento proporcional da CPRB, se a obrigatoriedade de recolher esta última contribuição não estivesse vinculada ao enquadramento da empresa nos códigos CNAE definidos pela legislação.

E a própria regra de enquadramento no CNAE pode gerar outras dúvidas. Confira-se a seguinte solução de consulta da RFB:

> EMENTA: CONTRIBUIÇÃO PREVIDENCIÁRIA SUBSTITUTIVA. DIVERSAS ATIVIDADES. VINCULAÇÃO EM FUNÇÃO DO ENQUADRAMENTO DA EMPRESA NA CNAE. ATIVIDADE PRINCIPAL. CONCEITO.
>
> 1. O código CNAE relativo à "atividade principal" da empresa descrito no § 9º do artigo 9º da Lei nº 12.546, de 2011, para fins de incidência da contribuição previdenciária substitutiva, poderá, eventualmente, não coincidir com aquele adotado para os efeitos do Cadastro Nacional da Pessoa Jurídica (CNPJ).
> 2. Para fins de enquadramento na sistemática da contribuição previdenciária substitutiva, não é necessário que a "maior receita auferida ou esperada" atinja o percentual mínimo de 50% (cinquenta por cento) do total das receitas da empresa, bastando ser superior às demais receitas, individualmente consideradas.
>
> DISPOSITIVOS LEGAIS: Constituição Federal de 1988, art. 195, § 13; Lei nº 8.212, de 1991, art. 22, incisos I e III; Lei nº 12.546, de 2011, art. 8º e art. 9º, §§ 9º e 10; Lei nº 12.844, de 2013, art. 13; Medida Provisória nº 540, de 2011, art. 8º; Instrução Normativa RFB nº 1.436, de 2013, art. 17.
>
> (Solução de Consulta nº 114, de 11 de maio de 2015, publicada em 19/05/2015)

Ou seja, criou-se critério de enquadramento no CNAE para fins de enquadramento na desoneração diferente daquele normalmente adotado pelas empresas para fins de inscrição no Cadastro Nacional da Pessoa Jurídica ("CNPJ"). O entendimento e a correta observância desse critério são importantes para que as empresas evitem questionamentos das autoridades fiscais e a lavratura de eventuais Autos de Infração.

O próprio "conceito de empresa" que estaria sujeita à CPRB é motivo de controvérsia. Foi necessário que a Receita Federal do Brasil editasse o Ato Declaratório Interpretativo ("ADI") nº 11, de 10 de dezembro de 2015, para esclarecer que as empresas sujeitas à CPRB são as indicadas no inciso VII do artigo 9º da Lei nº 12.546/2011[73], com a redação dada pela Lei nº 12.844/2013, inclusive para o período anterior ao advento da Lei nº 12.844/2013 (o que certamente gera questionamentos quanto à possibilidade de retroatividade da norma):

> Art. 1º. O conceito de empresa, aplicável aos arts. 7º a 9º da Lei nº 12.546, de 2011, é o constante no art. 9º, VII, da referida Lei, com a redação dada pela Lei nº 12.844, de 2013, inclusive para o período anterior a sua inclusão.

Novas discussões judiciais surgem, assim, em decorrência dessas dificuldades, como demonstra a r. decisão monocrática abaixo, por meio da qual o Superior Tribunal de Justiça ("STJ") foi demandado a analisar questão muito específica[74], relativa à aplicação ou não da CPRB sobre o décimo terceiro salário:

> Trata-se de Recurso Especial interposto, com fundamento no art. 105, III, "a", da Constituição da República, contra acórdão do Tribunal Regional Federal da 4ª Região assim ementado:
> MANDADO DE SEGURANÇA. CONTRIBUIÇÃO PREVIDENCIÁRIA. DÉCIMO TERCEIRO SALÁRIO. SUPERVENIENCIA DA LEI Nº 12.546, DE 2011. ILEGALIDADE DO ATO DECLARATÓRIO INTERPRETATIVO Nº 42, DE 2011.
> O fato gerador da contribuição previdenciária sobre o décimo-terceiro salário ocorre somente em dezembro, motivo pelo qual seu pagamento estaria dispensado por força da substituição prevista no art. 8º da Lei 12.546, de 2011. (...)
> Ao dirimir a controvérsia, o Tribunal a quo consignou: (...)
> Todavia, cabe observar que o fato gerador da contribuição previdenciária sobre o 13º salário ocorre somente em dezembro (em que pese o direito do empregado a tal verba se origine ao longo dos doze meses do ano), motivo

---

[73] Art. 9º Para fins do disposto nos arts. 7º e 8º desta Lei: (...)
VII – para os fins da contribuição prevista no caput dos arts. 7o e 8o, considera-se empresa a sociedade empresária, a sociedade simples, a cooperativa, a empresa individual de responsabilidade limitada e o empresário a que se refere o art. 966 da Lei nº 10.406, de 10 de janeiro de 2002 – Código Civil, devidamente registrados no Registro de Empresas Mercantis ou no Registro Civil de Pessoas Jurídicas, conforme o caso; (Redação dada pela Lei nº 12.844, de 2013)
[74] Muito embora o STJ não tenha efetivamente analisado o mérito da tese por questão processual.

pelo qual seu pagamento estaria dispensado por força da substituição prevista no art. 8º da Lei 12.546, de 2011.

A própria Receita Federal, por meio da Instrução Normativa nº 971, de 2009, reconhece que o fato gerador da contribuição ao décimo-terceiro salário ocorre com o efetivo pagamento da última parcela do 13º salário.

Assim, considerando que as normas que regem décimo-terceiro salário são claras ao determinar que a sua exigência se dê no mês de dezembro de cada ano, deve ser reconhecida a ilegalidade da ADI RFB 42, de 2011, ao determinar que apenas 1/12 do décimo-terceiro pago em 2011 estaria sujeito à incidência na forma da nova lei. (...)

Dessa maneira, como a motivação supra é apta, por si só, para manter o decisum combatido e não houve contraposição recursal sobre o ponto, aplica--se na espécie, por analogia, o óbice da Súmula 283/STF: "É inadmissível o recurso extraordinário, quando a decisão recorrida assenta em mais de um fundamento suficiente e o recurso não abrange todos eles."

Diante do exposto, nos termos do art. 557, caput, do CPC, nego seguimento ao Recurso Especial.

(Recurso Especial nº 1.474.039 – RS, Relator: Ministro Herman Benjamin, publicado em 08/10/2014)

Além desse tipo de discussão casuística que pode surgir, o cálculo proporcional da CPRB, em vigor até o advento da MP nº 774/2017, podia ser eventualmente impreciso e possuía particularidades de difícil compreensão e que também podiam ensejar questionamentos.

O cálculo proporcional, com base nas regras anteriores, deveria ser feito para as empresas (i) que auferiram receita bruta decorrente do exercício de determinadas atividades elencadas na Lei nº 12.546/2011; e (ii) que auferiram receita bruta decorrente da fabricação de determinados produtos listados por NCM na Lei nº 12.546/2011, e desde que as atividades sujeitas à desoneração representem menos de 95% da receita bruta total[75]. Mas as empresas que estivessem enquadradas em determinados códigos CNAE

---

[75] Instrução Normativa ("IN/RFB") nº 1.436/2013:
"Art. 8º Observado o disposto no § 4º deste artigo e no caput do art. 6º, no caso de empresas que se dedicam a outras atividades, além das relacionadas no Anexo I ou que produzam outros itens além dos listados no Anexo II, o cálculo da CPRB será realizado observando-se:
(...) § 3º A partir de 1º de agosto de 2012, a regra de proporcionalização de que trata este artigo aplica-se somente às empresas que se dediquem às atividades relacionadas no Anexo I,

previstos na Lei no 12.546/2011 não deveriam efetuar o cálculo proporcional[76], como disposto no artigo 17, § 4º, da IN/RFB nº 1.436/2013[77].

Essa também era uma das regras de aplicação que poderia gerar controvérsias. Se a empresa estivesse sujeita à desoneração com base em uma atividade desenvolvida, naturalmente essa classificação é feita considerando-se seu CNAE. Contudo, o entendimento que pode ser extraído do artigo acima exposto é o de que, se a atividade da empresa estiver apenas mencionada na Lei nº 12.546/2011 (como nos casos de TI e *call center*) sem indicação expressa do CNAE relativo a essas atividades, a empresa deve efetuar o cálculo proporcional da CPRB se desenvolver outras atividades. Mas se seu CNAE estiver expresso na Lei nº 12.546/2011, não estaria sujeita ao cálculo proporcional e deveria efetuar o recolhimento da CPRB com relação à sua receita bruta total.

Para exemplificar a dificuldade que pode surgir a partir da interpretação dessas regras, questiona-se como deve ser feito o cálculo da CPRB para as empresas "jornalísticas e de radiodifusão sonora e de sons e imagens de que trata a Lei no 10.610, de 20 de dezembro de 2002, enquadradas nas classes 1811-3, 5811-5, 5812-3, 5813-1, 5822-1, 5823-9, 6010-1, 6021-7 e 6319-4 da CNAE 2.0". Nesse caso, o inciso XVI do artigo 8º da Lei nº 12.546/2011 (e atual *caput* do artigo 8º, após a MP nº 774/2017) descreve tanto a atividade da empresa como indica os respectivos códigos CNAE. Ela estaria, portanto, sujeita ao cálculo proporcional, com base nas regras anteriores?

A complexidade do cálculo é elevada, o que contraria o princípio da simplicidade da tributação. O que se sugere nesse tipo de caso é que a empresa eventualmente formule consulta perante a RFB ou então adote a premissa de cálculo que entenda ser a melhor e se submeta à posterior fiscalização

---

ou produzam os itens listados no Anexo II, se a receita bruta decorrente dessas atividades ou produção de itens for inferior a 95% (noventa e cinco por cento) da receita bruta total."

[76] RECEITA FEDERAL DO BRASIL, Desoneração da Folha de Pagamento: Estimativa de Renúncia e Metodologia de Cálculo, disponível em http://idg.receita.fazenda.gov.br/dados/receitadata/gastos-tributarios/renuncia-fiscal-setorial/relatorio-das-desoneracoes/PublicaoatMAR201520_07_2015.pdf, p. 1, acesso em 06/09/2015.

[77] "Art. 17. As empresas para as quais a substituição da contribuição previdenciária sobre a folha de pagamento pela CPRB estiver vinculada ao seu enquadramento no CNAE deverão considerar apenas o CNAE principal.
(...) § 4º Para fins do disposto no caput, a base de cálculo da CPRB será a receita bruta da empresa relativa a todas as suas atividades, não lhes sendo aplicada a regra de que trata o art. 8º."

das autoridades administrativas (o que pode ensejar a lavratura de Auto de Infração e imposição de multa de ao menos 75% do débito cobrado). A chance de haver algum procedimento administrativo decorrente das diversas variáveis envolvidas no cálculo da CPRB é relevante.

Essa questão foi indicada também no relatório da ANFIP, no qual se aponta que pode haver dificuldade "em relação à apuração do valor da mão de obra aplicada em processos ou atividades que fabriquem tanto produtos desonerados, quanto produtos não desonerados, dada a necessidade de separar a parcela da folha de pagamentos correspondente a cada um." [78]

Portanto, a CPRB trouxe mais complexidade ao intrincado sistema tributário brasileiro, também pela sua forma de apuração e pagamento e com relação às obrigações acessórias, o que, inclusive, pode aumentar a quantidade de litígios administrativos e judiciais em torno do cumprimento ou não das regras da nova contribuição.

Isso foi reconhecido pelo próprio Ministério da Fazenda[79], segundo o qual houve aumento significativo do número de informações a serem prestadas ao Fisco por meio de obrigações acessórias. A declaração das contribuições sobre a folha ainda deve ser feita em Guia de Recolhimento do FGTS ("GFIP") e Informações à Previdência Social e o pagamento em Guia da Previdência Social ("GPS"). Por outro lado, a CPRB deve ser declarada em Declaração de Contribuições e Tributos Federais ("DCTF") e paga em até dois Documentos de Arrecadação Federal ("DARF"), sendo um para a atividade desonerada do artigo 7º da Lei nº 12.546/2011 e outro para o artigo 8º da mesma Lei. Como indicado pelo Ministério da Fazenda[80]:

> De fato, nesse ambiente, independentemente da robustez do sistema contábil da empresa, em alguns casos, a interpretação legal da medida pode

---

[78] Associação Nacional dos Auditores-Fiscais da Receita Federal do Brasil ("ANFIP"). Nota Técnica: Desoneração da Folha de Pagamentos: Impactos no Financiamento da Previdência Social, 2015. Disponível em http://www.anfip.org.br/publicacoes/20150730181429_Nota-Tecnica-Desoneracao-da-Folha-de-Pagamentos-Impactos-no-Financiamento-da-Previdencia-Social_30-07-2015_nota_tecnica-FINAL.pdf. Acesso em 04/09/2015.
[79] MINISTÉRIO DA FAZENDA. Considerações sobre o Projeto de Lei No.863/2015: Desoneração da Folha de Pagamento, Abril de 2015. Disponível em http://www.fazenda.gov.br/area-destaques/consideracoes-sobre-o-pl-8632015-2013-desoneracao/at_download/arquivo. Acesso em 05/09/2015.
[80] Id. Ibidem. p. 11.

gerar litígios e aumentar a judicialização de alguns setores, com prejuízo para todos. Infelizmente, o real aumento de custos e a perda da eficiência em decorrência da complexidade administrativa inerente à desoneração tendem a ser obscurecidos pela vantagem fiscal que o programa oferece.

A própria existência de cinco ou três alíquotas diferentes para a CPRB (de 1%, 1,5%, 2,5%, 3% e 4,5%, e atualmente 1,5%, 2% e 4,5%, como mencionado anteriormente) aumenta sobremaneira a complexidade do tributo.

Lembre-se que foram editadas 11 MPs para tratar do assunto, em um curto período de cerca de três anos (entre agosto/2011 e julho/2014). Em média, foi editada uma nova MP a cada trimestre. Posteriormente, houve ainda a promulgação das Leis nºs 13.161/2015 e 13.202/2015 e da MP nº 774/2017, com o objetivo de reverter parte da medida.

O rol de pronunciamentos da Receita Federal existentes para se explicar a correta forma de apuração da CPRB é extenso. Exemplificativamente, e além dos casos mencionados anteriormente, mencione-se também o Parecer Normativo nº 3, de 21 de novembro de 2012[81], que define a base de cálculo da contribuição, a Solução de Consulta nº 161, de 17 de dezembro de 2012[82], da Divisão de Tributação ("DISIT") da 6ª Região Fiscal, e o

---

[81] "A receita bruta que constitui a base de cálculo da contribuição substitutiva a que se referem os arts. 7º a 9º da Lei nº 12.546, de 14 de dezembro de 2011, compreende: a receita decorrente da venda de bens nas operações de conta própria; a receita decorrente da prestação de serviços; e o resultado auferido nas operações de conta alheia. Podem ser excluídos da mencionada receita bruta: a receita bruta de exportações; as vendas canceladas e os descontos incondicionais concedidos; o Imposto sobre Produtos Industrializados (IPI), quando incluído na receita bruta; e o Imposto sobre Operações relativas à Circulação de Mercadorias e sobre Prestações de Serviços de Transporte Interestadual e Intermunicipal e de Comunicação (ICMS), quando cobrado pelo vendedor dos bens ou prestador dos serviços na condição de substituto tributário." Publicado em 27/11/2012.

[82] Solução de Consulta nº 161 de 17 de dezembro de 2012
Assunto: Contribuições Sociais Previdenciárias
EMENTA: CONTRIBUIÇÃO SUBSTITUTIVA. EMPRESAS QUE EXERCEM OUTRAS ATIVIDADES ALÉM DAQUELAS SUJEITAS AO REGIME SUBSTITUTIVO. BASE DE CÁLCULO. CONTRIBUIÇÃO DECORRENTE DE RECLAMATÓRIAS TRABALHISTAS.
1. A empresa que exerce, conjuntamente, atividade sujeita à contribuição substitutiva prevista no artigo 8º da Lei nº 12.546, de 2011, e outras atividades não submetidas à substituição, deve recolher: a) a contribuição sobre a receita bruta em relação aos produtos que industrializa e que se acham submetidos ao referido regime; b) a contribuição previdenciária incidente sobre a folha de pagamento prevista no art. 22, incisos I e III, da Lei nº 8.212, de 1991, mediante aplicação

Parecer Normativo n° 25, de 5.12.2013[83], estes últimos relativos à aplicação da desoneração em casos que envolvem reclamação trabalhista.

Para se tentar dirimir mais dúvidas relativas a esse regime, a Receita Federal editou a Instrução Normativa RFB n° 1.436/2013, de 30 de dezembro de 2013. Dentre as regras por ela definidas, destacam-se as seguintes: (i) a definição de quais empresas estão sujeitas à nova contribuição pelo

de redutor resultante da razão entre a receita bruta dos produtos/atividades não sujeitos ao regime substitutivo e a receita bruta total, utilizando, para apuração dessa razão, o somatório das receitas de todos os estabelecimentos da empresa (matriz e filiais). 2. Se a receita bruta decorrente de atividades não contempladas no art. 8º da Lei nº 12.546, de 2011, for igual ou inferior a 5% (cinco por cento) da receita bruta total, o recolhimento da contribuição deverá ser feito sobre a receita bruta total auferida no mês, não sendo devida a contribuição sobre a folha de pagamento prevista nos incisos I e III do art. 22 da Lei nº 8.212, de 1991. 3. Se a receita bruta oriunda de atividades não previstas no art. 8º for igual ou superior a 95% (noventa e cinco por cento) da receita bruta total, as contribuições previdenciárias deverão ser recolhidas integralmente nos termos do art. 22 da Lei nº 8.212, de 1991, não sendo devida a contribuição sobre a receita bruta. 4. A base de cálculo da contribuição substitutiva prevista nos artigos 7º e 8º da Lei nº 12.546, de 2011, é a receita bruta, considerada sem o ajuste de que trata o inciso VIII do art. 183 da Lei nº 6.404, de 1976, e com exclusão das vendas canceladas, dos descontos incondicionais concedidos, da receita bruta de exportações, do IPI, se incluído na receita bruta, e do ICMS, quando cobrado pelo vendedor dos bens ou prestador dos serviços na condição de substituto tributário. 5. A receita bruta que constitui a base de cálculo da contribuição substitutiva a que se referem os arts. 7º a 9º da Lei nº 12.546, de 2011, compreende a receita decorrente da venda de bens nas operações de conta própria, a receita decorrente da prestação de serviços e o resultado auferido nas operações de conta alheia. 6. Como nas reclamatórias trabalhistas o fato gerador da contribuição previdenciária ocorre na data da prestação dos serviços e rege-se pela legislação então vigente, sendo o período dessa prestação de serviços anterior àquele em que a empresa submete-se à contribuição substitutiva, o cálculo da contribuição será feito na forma do art. 22 da Lei nº 8.212, de 1991, utilizando-se como base de cálculo o valor da remuneração apurada judicialmente. 7. Quando o período da prestação de serviços recair sobre aquele em que a empresa sujeita-se ao regime substitutivo de que tratam os artigos 7º e 8º da Lei nº 12.546, de 2011, a contribuição previdenciária oriunda de ações trabalhistas: a) não será devida, se a receita bruta da empresa decorrer exclusivamente das atividades descritas nos arts. 7º ou 8º da Lei nº 12.546, de 2011, e b) será devida na forma dos incisos I e III do art. 22 da Lei nº 8.212, de 1991, sobre o valor da remuneração decorrente da sentença ou do acordo homologado, com incidência do redutor de que trata o inciso II do § 1º do art. 9º da Lei nº 11.435, de 2011, se a receita bruta da empresa for oriunda de atividades descritas nos arts. 7º ou 8º da Lei nº 12.546, de 2011, e de outras atividades não contempladas nesses dispositivos."

[83] "Contribuições Previdenciárias. Cálculo da contribuição decorrente de decisões condenatórias ou homologatórias proferidas na justiça do trabalho. Empresas abrangidas pelo regime de tributação de que tratam os Arts. 7º a 9º da Lei nº 12.546, de 2011." Publicado em 06/12/2013.

critério de atividade econômica deve ser feita de acordo com o código de CNAE relativo à atividade principal, considerada esta como a de maior receita auferida (apurada com base no ano-calendário anterior) ou esperada (previsão da receita do período considerado, usada no ano-calendário de início de atividades da empresa); (ii) somente as exportações diretas (e não as exportações via *trading companies*) estão excluídas da base de cálculo; e (iii) a retenção previdenciária de 3,5% somente pode ser compensada pela empresa cedente de mão de obra com contribuições devidas sobre a folha de pagamento (regra posteriormente revogada).

Esta última regulamentação trouxe, porém, novas controvérsias, inclusive em razão da tendência das autoridades fiscais brasileiras de extrapolarem disposições legais visando a aumentar a arrecadação. O critério de definição da atividade econômica principal das empresas e a impossibilidade de exclusão de receitas de exportação via *trading companies* podem ser questionadas judicialmente, como inclusive já mencionado anteriormente.

Nota-se, assim, que há muitos questionamentos envolvendo a apuração da contribuição substitutiva sobre a receita bruta. Há diversas formas de se calcular essa nova contribuição e diversos fatores que devem ser levados em consideração. As divergências de interpretação surgem em diversos aspectos: critérios de enquadramento da atividade principal, possibilidade de compensação de valores, formação da base de cálculo, entre outros. O resultado disso é a edição de muitas normas infralegais pelas autoridades fiscais para dirimir controvérsias, ou seja, despendem-se tempo e recursos públicos para o esclarecimento de regras. E ainda corre-se o risco de essas normas infralegais não serem suficientes para dirimirem controvérsias, pois na realidade podem trazer mais questões discutíveis.

Do lado dos contribuintes, há incerteza sobre quais procedimentos devem ser realmente adotados para se evitar contingências tributárias, como inclusive indicado em artigo publicado no site da American Chamber of Commerce for Brazil (AMCHAM)[84]. As empresas despendem mais recursos para adequar seus procedimentos fiscais e contábeis às novas regras

---

[84] AMERICAN CHAMBER OF COMMERCE FOR BRAZIL (AMCHAM). **Efeitos da desoneração da folha de pagamento sobre a contribuição previdenciária ainda estão sendo avaliados pelas empresas**. Disponível em: <http://www.amcham.com.br/impactos-legislativos-
-e-juridicos/noticias/efeitos-da-desoneracao-da-folha-de-pagamento-sobre-a-contribuicao-
-previdenciaria-ainda-estao-sendo-avaliados-pelas-empresas>. Acesso em: 09/09/2015.

e cumprir todas as obrigações acessórias delas advindas. Diante da alta complexidade do assunto, será difícil evitar divergências de interpretação que possam levar a autuações fiscais.

No Brasil, empresas gastam em média 2.600 horas por ano apenas para administrar e pagar seus tributos[85], o que, dentre outros fatores, coloca o país no 159º lugar no ranking de facilidade de pagamento de tributos elaborado pelo Grupo Banco Mundial (de um total de cerca de 189 países analisados)[86]. Com o modelo de desoneração implantado, o sistema tributário ficou ainda mais complexo e custoso para se administrar.

E todo esse esforço legislativo não necessariamente traz o esperado benefício econômico. Tão incerto é o resultado que será atingido pela desoneração que, além da necessidade de controle do impacto da desoneração feito pela RFB (conforme artigo 9º, inciso IV, e § 2º, da Lei nº 12.546/2011), o artigo 10 da referida Lei determina ainda que ato do Poder Executivo deve instituir uma comissão tripartite com a finalidade de acompanhar e avaliar a implementação das medidas de desoneração.

Essa comissão, denominada Comissão Tripartite de Acompanhamento e Avaliação da Desoneração da Folha de Pagamentos – CTDF[87], é hoje regulamentada pelo Decreto nº 7.711, de 3 de abril de 2012. É formada por representantes dos trabalhadores e empresários e do Poder Executivo federal. Mais especificamente, tem a seguinte composição, conforme artigo 4º do Decreto: (i) dois representantes do Ministério da Fazenda, sendo que um deles a presidirá; (ii) um representante do Ministério da Previdência Social; (iii) um representante do Ministério do Desenvolvimento, Indústria e Comércio Exterior; (iv) um representante do Ministério do Planejamento, Orçamento e Gestão; (v) um representante da Secretaria-Geral da Presidência da República; (vi) seis representantes escolhidos pelas

---

[85] Estimativa correspondente ao "(...) tempo gasto para preparar, arquivar e pagar (ou reter) o imposto de renda das empresas, o imposto sobre o valor agregado e as contribuições de previdência social (em horas por ano)." GRUPO BANCO MUNDIAL. **Pagamento de impostos**. Doing Business: Medindo Regulamentações de Negócios, 2012. Disponível em: <http://portugues.doingbusiness.org/data/exploretopics/paying-taxes>. Acesso em: 27/04/2014.

[86] GRUPO BANCO MUNDIAL. **Classificação das economias**. Doing Business: Medindo Regulamentações de Negócios, 2012. Disponível em: <http://portugues.doingbusiness.org/rankings>. Acesso em: 27/04/2014.

[87] Vide http://www.desenvolvimento.gov.br/sitio/interna/interna.php?area=1&menu=3827&refr=482. Acesso em 05/09/2015.

entidades patronais; e (vii) seis representantes escolhidos pelas entidades representativas dos trabalhadores.

Conforme artigo 2º do Decreto, a comissão tem como função acompanhar e avaliar a efetividade da desoneração tributária da folha de pagamentos nos setores beneficiados, com base nos seus impactos econômicos, podendo considerar a geração de emprego e renda, a formalização do trabalhador, a competitividade, a arrecadação tributária, o desenvolvimento setorial, a capacitação e a inovação tecnológica.

Essa comissão e a própria necessidade de acompanhamento dos efeitos da desoneração revela a extrema complexidade do controle da arrecadação. São necessários por 18 representantes do setor privado e governo para se apurar as consequências incertas da aplicação da CPRB.

Na nota técnica elaborada pela ANFIP, também é apontada outra dificuldade para controle e fiscalização da desoneração. O uso de códigos NCM torna mais difícil a realização de análises comparativas entre contribuintes que exercem a mesma atividade econômica, pois nem todas as atividades de uma mesma CNAE foram incluídas na desoneração, e as desoneradas apresentam diferentes níveis[88].

Ademais, na Nota de Análise publicada pela Secretaria de Política Econômica do Ministério da Fazenda, aponta-se a grande dificuldade do acompanhamento da documentação dentro do processo produtivo das empresas. Analisam-se exemplos de produtos muito específicos e semelhantes que podem ser eventualmente produzidos pela mesma empresa, sendo parte sujeita à desoneração e parte não sujeita. Nesse sentido, machados podem ser desonerados, mas tesouras não; alicates podem ser desonerados, mas podadeiras não; chaves de porca, sim, espátulas não[89].

A seguir, analisaremos duas situações específicas que ilustram bem as dificuldades encontradas com a instituição da CPRB.

---

[88] Associação Nacional dos Auditores-Fiscais da Receita Federal do Brasil ("ANFIP"). Nota Técnica: Desoneração da Folha de Pagamentos: Impactos no Financiamento da Previdência Social, 2015. Disponível em http://www.anfip.org.br/publicacoes/20150730181429_Nota-Tecnica-Desoneracao-da-Folha-de-Pagamentos-Impactos-no-Financiamento-da-Previdencia-Social_30-07-2015_nota_tecnica-FINAL.pdf. Acesso em 04/09/2015.

[89] MINISTÉRIO DA FAZENDA. Nota de Análise sobre a Desoneração da Folha. Secretaria de Política Econômica, abril de 2015. Disponível em http://www.spe.fazenda.gov.br/noticias/arquivos-de-noticia/desoneracao-versao-abril-2-2-1.pdf, p. 11. Acesso em 08/09/2015.

5.4.1. Estudo de caso concreto: aplicação da CPRB para editoras de livros e revistas

Como já mencionado anteriormente, estão sujeitas à desoneração as empresas jornalísticas e de radiodifusão sonora e de sons e imagens de que trata a Lei no 10.610, de 20 de dezembro de 2002, enquadradas nas classes 1811-3, 5811-5, 5812-3, 5813-1, 5822-1, 5823-9, 6010-1, 6021-7 e 6319-4 da CNAE 2.0

Um desses CNAEs, o de nº 5811-5, refere-se à atividade de edição de livros. Logo, em princípio, se uma empresa jornalística também se dedicasse à edição de livros, estaria sujeita à desoneração.

O conceito do que seria empresa jornalística (e que foi adotado pela RFB no caso ora estudado) é o do artigo 302, § 2º, da CLT: empresa que se dedica à edição de jornais, revistas, boletins e periódicos, ou à distribuição de noticiário, e, ainda, à radiodifusão em suas seções destinadas à transmissão de notícias e comentários.

Um contribuinte que tem como atividade principal a edição de livros e como atividade eventual a elaboração de revistas e periódicos apresentou consulta à RFB para determinar se, afinal, está obrigado ou não a recolher a CPRB (na época em que o pagamento era obrigatório para empresas de determinados setores econômicos). A RFB então publicou a Solução de Consulta da Coordenação-Geral de Tributação ("COSIT") nº 335/2014[90], a qual sinalizava em sua conclusão que empresas que têm como atividade econômica principal a edição de livros (código 5811-5/00 da CNAE) estariam em princípio sujeitas à desoneração da folha.

---

[90] "ASSUNTO: CONTRIBUIÇÕES SOCIAIS PREVIDENCIÁRIAS. EMENTA: CONTRIBUIÇÃO PREVIDENCIÁRIA SUBSTITUTIVA. EDIÇÃO DE LIVROS, REVISTAS E PERIÓDICOS ELETRÔNICOS. A empresa que tem como atividade econômica principal a edição de livros (código 5811-5/00 da CNAE 2.0) ou a edição de revistas e outros periódicos (5813-1/00 da CNAE 2.0), na forma eletrônica ou na internet, está sujeita à contribuição previdenciária substitutiva de que trata o art. 8º, § 3º, inciso XVI, da Lei nº 12.546, de 2011. DISPOSITIVOS LEGAIS: Constituição Federal de 1988, art. 195, § 13, art. 222, § 4º; Consolidação das Leis do Trabalho – CLT, art. 302, § 2º; Lei nº 8.212, de 1991, art. 22, incisos I e III; Lei nº 10.610, de 2002; Lei nº 12.546, de 2011, art. 8º, § 3º, XVI; Lei nº 12.844, de 2013, art. 13; Medida Provisória nº 540, de 2011, art. 8; º; Medida Provisória nº 612, de 2013, art. 25; Ato Declaratório do Presidente da Mesa do Congresso Nacional nº 49, de 2013."
RECEITA FEDERAL DO BRASIL. Coordenação Geral de Tributação. Solução de Consulta Cosit nº 335, de 05 de dezembro de 2014. Disponível em http://normas.receita.fazenda.gov.br/sijut2consulta/anexoOutros.action?idArquivoBinario=37099. Publicada em 15/12/1014. Acesso em 09/09/2015.

Paralelamente, outro contribuinte buscou o reconhecimento do mesmo direito. Contudo, a RFB entendeu de forma diversa. Por meio da Solução de Consulta nº 367/2015[91], assentou seu entendimento de que estão enquadradas no regime de desoneração apenas as empresas que se dedicam à edição de livros e que sejam também jornalísticas.

Houve neste caso clara contradição de entendimentos nos dois casos analisados. Ambos os contribuintes têm como atividade principal a edição de livros e como atividade eventual a elaboração de revistas e periódicos (o que em princípio os classificaria como empresas "jornalísticas" para fins da sistemática de desoneração da folha). No entanto, para um contribuinte foi reconhecido o direito de se submeter à desoneração, enquanto que para outro, não.

O segundo contribuinte, então, buscando se sujeitar ao regime (o que lhe traria economia tributária, diante da reduzida alíquota de 1% sobre a receita bruta a que estaria sujeito à época), apresentou Recurso Especial perante a RFB, recurso este destinado à uniformização de entendimentos no âmbito da RFB.

Como resultado, o referido órgão proferiu a Solução de Divergência COSIT nº 4/2015[92], por meio da qual concluiu que apenas as empresas que

---

[91] "ASSUNTO: CONTRIBUIÇÕES SOCIAIS PREVIDENCIÁRIAS. EMENTA: CONTRIBUIÇÃO PREVIDENCIÁRIA SUBSTITUTIVA. DESONERAÇÃO DA FOLHA DE PAGAMENTO. EDIÇÃO DE LIVROS. Aplica-se às empresas jornalísticas e de radiodifusão sonora e de sons e imagens a desoneração da CPRB, nos termos da legislação vigente. Empresas que explorem outro ramo de negócio, ainda que exerçam atividades enquadradas nos CNAE's citados especificamente para aquelas, não fazem juz à desoneração. DISPOSITIVOS LEGAIS: Lei nº 12.546, de 2011, art. 8º, parágrafo 3º, inciso XVI e IN RFB 1.436, de 2013, Anexo I, item oito." RECEITA FEDERAL DO BRASIL. Coordenação Geral de Tributação. Solução de Consulta Cosit nº 367, de 18 de dezembro de 2014. Disponível em http://normas.receita.fazenda.gov.br/sijut2consulta/anexoOutros.action?idArquivoBinario=34020. Publicada em 07/01/2015. Acesso em 09/09/2015.

[92] ASSUNTO: CONTRIBUIÇÕES SOCIAIS PREVIDENCIÁRIAS. EMENTA: CONTRIBUIÇÃO PREVIDENCIÁRIA SUBSTITUTIVA. DESONERAÇÃO DA FOLHA DE PAGAMENTO. EDIÇÃO DE LIVROS. EDIÇÃO DE REVISTAS. O disposto no art. 8º, § 3º, inciso XVI, da Lei nº 12.546, de 2011, aplica-se às empresas jornalísticas e de radiodifusão sonora e de sons e imagens, nos termos da legislação vigente. Empresas que explorem outro ramo de negócio, ainda que exerçam atividades enquadradas nos CNAE citados especificamente para aquelas, não fazem jus à desoneração.
As empresas que têm como atividade econômica principal a edição de livros (código 5811-5/00 da CNAE 2.0), por não serem empresas jornalísticas e de radiodifusão, não estão sujeitas à

possuem atividade econômica principal a edição de revistas e periódicos (CNAE 5813-1), por serem empresas jornalísticas, estariam sujeitas à desoneração. Por outro lado, empresas que explorem outro ramo de negócio, ainda que exerçam atividades enquadradas nos CNAEs indicados na legislação da CPRB, não estão sujeitas à nova contribuição. Ou seja, empresas que têm como atividade econômica principal a edição de livros (código CNAE 5811-5), por não serem empresas jornalísticas e de radiodifusão, não estariam sujeitas à CPRB.

E posteriormente, foi publicado o ADI nº 10, de 10 de dezembro de 2015, por meio do qual a Receita Federal reiterou o entendimento indicado acima sobre a matéria:

> "Art. 1º O disposto no inciso XVI do § 3º do art. 8º da Lei nº 12.546, de 14 de dezembro de 2011, aplica-se às empresas jornalísticas e de radiodifusão sonora e de sons e imagens, nos termos da legislação específica.
>
> Parágrafo único. Empresas que tenham como atividade econômica principal outro ramo de negócio, ainda que exerçam atividades enquadradas nas classes da Classificação Nacional de Atividades Econômicas (CNAE) citadas especificamente para as empresas de que trata o *caput*, não fazem jus à desoneração.
>
> Art. 2º As empresas que têm como atividade econômica principal a edição de livros classificada na classe 5811-5/00 da CNAE 2.0, por não serem empresas jornalísticas e de radiodifusão, não estão sujeitas à contribuição previdenciária substitutiva de que trata o inciso XVI do § 3º do art. 8º da Lei nº 12.546, de

---

contribuição previdenciária substitutiva de que trata o art. 8º, § 3º, inciso XVI, da Lei nº 12.546, de 2011, devendo recolher as contribuições previdenciárias previstas nos incisos I e III do art. 22 da Lei nº 8.212, de 1991.

As empresas que têm como atividade econômica principal, nos termos da legislação, a edição de revistas e periódicos (5813-1/00 da CNAE 2.0), por serem empresas jornalísticas, estão sujeitas à contribuição previdenciária substitutiva de que trata o art. 8º, § 3º, inciso XVI, da Lei nº 12.546, de 2011.

DISPOSITIVOS: Lei nº 12.546, de 2011, art. 8º, parágrafo 3º, inciso XVI; Lei nº 8.212, de 1991, art. 22, incisos I e III; Decreto-lei nº 5.452, de 1943, art. 302, § 2º; IN RFB nº 1.436, de 2013, Anexo I, item oito; Solução de Consulta Cosit nº 10, de 2015.

RECEITA FEDERAL DO BRASIL. Coordenação Geral de Tributação. Solução de Divergência Cosit nº 4, de 03 de julho de 2015. Disponível em http://normas.receita.fazenda.gov.br/sijut2consulta/anexoOutros.action?idArquivoBinario=37097. Publicado em 31/07/2015. Acesso em 09/09/2015.

2011, devendo recolher as contribuições previdenciárias previstas nos incisos I e III do caput do art. 22 da Lei nº 8.212, de 24 de julho de 1991.

Art. 3º As empresas que têm como atividade econômica principal, nos termos da legislação, a edição de revistas e periódicos classificada na classe 5813-1/00 da CNAE 2.0, por serem empresas jornalísticas, estão sujeitas à contribuição previdenciária substitutiva de que trata o inciso XVI do § 3º do art. 8º da Lei nº 12.546, de 2011.

Art. 4º Ficam modificadas as conclusões em contrário constantes em Soluções de Consulta ou em Soluções de Divergência emitidas antes da publicação deste Ato Declaratório Interpretativo (ADI), independentemente de comunicação aos consulentes."

A questão objeto de divergência foi solucionada; contudo, a nosso ver, permanece a dúvida acerca de qual a aplicabilidade prática do artigo 8º, § 3º, inciso XVI, da Lei nº 12.546/2011. Lembre-se que esse artigo determina a aplicação da CPRB a empresas "**jornalísticas e de radiodifusão sonora e de sons e imagens** de que trata a Lei nº 10.610, de 20 de dezembro de 2002, enquadradas nas classes 1811-3, **5811-5**, 5812-3, 5813-1, 5822-1, 5823-9, 6010-1, 6021-7 e 6319-4 da CNAE 2.0."

O problema é que, com base no entendimento da RFB, seria impossível que uma empresa jornalística se enquadrasse no CNAE 5811-5, pois este CNAE é adequado para empresas que se dedicam principalmente à edição de livros. Afinal, em qual hipótese então seria aplicável o disposto no artigo 8º, § 3º, inciso XVI, da Lei nº 12.546/2011? A nosso ver, o correto seria entender-se que tanto as empresas que têm como atividade econômica principal a edição de livros, como as empresas jornalísticas e de radiodifusão, estariam sujeitas à CPRB.

Esse é um exemplo de como incentivos setoriais muito específicos podem levar à divergência de entendimentos e à complexidade da tributação. A própria publicação do ADI nº 10/2015 é prova disso, pois note-se que, em seu artigo 4º, foi determinado que "ficam modificadas as conclusões em contrário constantes em Soluções de Consulta ou em Soluções de Divergência emitidas antes da publicação deste Ato Declaratório Interpretativo (ADI), independentemente de comunicação aos consulentes." Ou seja, muitos contribuintes estiveram na mesma situação de dúvida e podem eventualmente ter que alterar seus procedimentos fiscais e contábeis para retornar à sistemática de tributação sobre a folha de salários. Tempo e recursos (dos contribuintes e também da Receita Federal, que precisou editar diversos atos administrativos até que a controvérsia chegasse a uma conclusão) foram despendidos para solução da questão e, no final, a resposta dada levou à inaplicabilidade de parte da legislação sobre desoneração.

5.4.2. A complexa compensação da CPRB

A compensação de tributos federais (forma de extinção de créditos tributários prevista no artigo 156, inciso II, do Código Tributário Nacional – "CTN") é atualmente feita de duas formas diferentes: (i) pela apresentação de Declaração de Compensação mediante o uso do programa PER/DCOMP da RFB, para tributos federais em geral, e (ii) pela declaração da informação sobre a compensação em GFIP, para contribuições sociais sobre remunerações[93].

Em razão dessa diferença procedimental, houve dúvida sobre a possibilidade ou não de ser realizada compensação entre créditos e débitos da CPRB e de contribuição sobre remunerações. Essa dúvida se tornou mais relevante na medida em que as Leis nºs 12.715/2012 e 12.844/2013 instituíram a obrigatoriedade de retenção, pela empresa tomadora de serviços, de 3,5% do valor da nota fiscal de empresas sujeitas à CPRB (caso haja contratação de empresas para a execução de determinados serviços mediante cessão de mão de obra), pois o valor retido é compensável.

Lembrando que as empresas contratantes de serviços prestados em regime de cessão de mão de obra por outra empresa não sujeita à desoneração são responsáveis reter a contribuição previdenciária à alíquota de 11% sobre o valor bruto da nota fiscal ou fatura.

Em um primeiro momento, a RFB editou a Solução de Consulta COSIT 131/2014[94], por meio da qual manifestou seu entendimento no sentido de

---

[93] Nos termos dos artigos 74 da Lei nº 9.430/96 e 89 da Lei nº 8.212/91 e da IN/RFB nº 1.300/2012.
[94] ASSUNTO: CONTRIBUIÇÕES SOCIAIS PREVIDENCIÁRIAS EMENTA: CONTRIBUÇÃO PREVIDENCIÁRIA SOBRE A RECEITA BRUTA (LEI Nº 12.546/2011). PRESTAÇÃO DE SERVIÇOS MEDIANTE CESSÃO DE MÃO DE OBRA. COMPENSAÇÃO. As retenções de que tratam o art. 31 da Lei nº 8.212, de 1991 e o § 6º do art. 7º da Lei nº 12.546, de 2011, podem ser compensadas, pela empresa cedente da mão-de-obra, quando do recolhimento das contribuições destinadas à Seguridade Social devidas sobre a folha de pagamento dos segurados a seu serviço. A empresa poderá compensar eventual saldo remanescente nas competências subsequentes ou pedir a sua restituição. DISPOSITIVOS LEGAIS: Lei nº 12.546, de 2011, art. 7º; Lei nº 8.212, de 1991, art. 31; IN RFB nº 1.300, de 2012, arts. 17 e 60.

que ambos os tipos de retenção (11%, na regra geral, ou 3,5%, para empresas "desoneradas") se referem ao conjunto de contribuições destinadas à Seguridade Social devidas sobre a folha de pagamento dos segurados a serviço da empresa, e por isso não existiria base legal para se admitir a compensação dessas retenções com a CPRB. Com base nesse entendimento, a compensação somente poderia ser realizada com contribuições sobre a folha[95].

Esse entendimento restritivo contrariava o próprio disposto no artigo 89 da Lei nº 8.212/91, segundo o qual é possível realizar compensações entre contribuições sobre remunerações e as instituídas em substituição, cabendo à RFB apenas disciplinar (e não limitar ou vedar) a forma como devem ser feitas.

Posteriormente, foi editada a IN/RFB nº 1.529/2014, a qual permitiu a compensação entre débitos da CPRB com créditos de contribuições sobre remunerações. Contudo, para isso, criou-se mais uma obrigação acessória: um formulário eletrônico denominado "Compensação de Débitos da CPRB", disponível no sítio eletrônico da RFB na *internet*.

Havia, então, três formas diferentes de se compensar tributos federais: por DCOMP, por GFIP ou mediante apresentação do formulário eletrônico disponível no *site* da RFB, o que, consequentemente, aumentou o tempo que as empresas levam para administrar e pagar seus tributos[96].

Após essa norma, a RFB editou a Solução de Consulta nº 384/2014[97], por meio da qual alterou seu entendimento e passou a aceitar que créditos

---

RECEITA FEDERAL DO BRASIL. Coordenação Geral de Tributação. Solução de Consulta Cosit nº 131, de 02 de junho de 2014. Disponível em http://normas.receita.fazenda.gov.br/sijut2consulta/anexoOutros.action?idArquivoBinario=34808. Publicado em 02/06/2014. Acesso em 09/09/2015.

[95] Nesse sentido, confira-se CASSEB, Diego Filipe; MATSUMOTO, Cristiane. IN RFB 1.529/2014 ainda não permite compensação ilimitada de tributos federais. CONJUR, publicado em 08/02/2015, disponível em http://www.conjur.com.br/2015-fev-08/in-rfb-1529-nao-permite--compensacao-ilimitada-tributos-federais. Acesso em 06/09/2015.

[96] *Id. Ibidem.*

[97] ASSUNTO: NORMAS GERAIS DE DIREITO TRIBUTÁRIO EMENTA: PAGAMENTO INDEVIDO. COMPENSAÇÃO. CONTRIBUIÇÃO PREVIDENCIÁRIA SOBRE A FOLHA DE SALÁRIOS CONTRIBUIÇÃO PREVIDENCIÁRIA SOBRE A RECEITA BRUTA. A compensação da contribuição previdenciária sobre a receita bruta (CPRB) está adstrita aos termos do art. 89 da lei nº 8.212, de 1991, sujeitando-se às restrições do art. 26 da Lei nº 11.941, de 2009. Créditos decorrentes de contribuição previdenciária sobre a folha de salários podem

decorrentes de contribuição previdenciária sobre a folha de salários podem ser compensados com débitos da CPRB.

Posteriormente, foi editada a IN/RFB nº 1557, de 31 de março de 2015[98], a qual alterou a forma de compensação. Foi extinto o formulário eletrônico e a compensação passou a ser feita, enfim, pelo programa PER/DCOMP.

Mais uma vez, houve um longo caminho até a pacificação da controvérsia sobre a possibilidade de compensação da CPRB com a contribuição sobre remunerações, com dispêndio de tempo e recursos tanto por parte da RFB como dos contribuintes.

Se o objetivo da desoneração é reduzir a carga tributária, uma alternativa seria fazer isso de forma mais simples, por exemplo, evitando-se que a apuração da CPRB seja feita para cada empresa com base em regras de exceção em detrimento de regras gerais de simples observância.

---

ser compensados com débitos da CPRB. A compensação será efetuada conforme §7º do art. 56 da IN nº 1.300, de 2012, quando os débitos forem declarados em GFIP, ou conforme o § 8º do mesmo dispositivo, no caso de débitos declarados em DCTF. DENÚNCIA ESPONTÂNEA. MULTA DE MORA. EXCLUSÃO. Considera-se ocorrida a denúncia espontânea, para fins de aplicação do artigo 19 da Lei nº 10.522, de 19 de julho de 2002, quando o sujeito passivo confessa a infração, e até este momento extingue a sua exigibilidade mediante pagamento. Inocorre a denúncia espontânea quando o sujeito passivo compensa o débito já confessado. A consulta não suspende o prazo para recolhimento de tributo autolançado, antes ou depois de sua apresentação, nem para cumprimento de obrigações acessórias. DISPOSITIVOS LEGAIS: Lei nº 8.212, de 1991, arts. 11, 22A e 89, Lei nº 10.256, de 2001, art. 1º; Lei nº 10.522, de 2002, art. 19; Decreto nº 70.235, de 1972, art. 7º; IN RFB nº 740, de 2007, arts. 1º e 2º; IN RFB nº 1.300, de 2012, art. 1º; IN RFB nº 1.396, de 2013, arts. 1º, 2º, 3º, 11, 18 e 23; IN RFB nº 1.529, de 2014. RECEITA FEDERAL DO BRASIL. Coordenação Geral de Tributação. Solução de Consulta Cosit nº 384, de 26 de dezembro de 2014. Disponível em http://normas.receita.fazenda.gov.br/sijut2consulta/anexoOutros.action?idArquivoBinario=34008. Publicado em 05/01/2015. Acesso em 09/09/2015.

[98] "Art. 1º Os arts. 27, 29-A, 35-B, 42, 49, 51-A, 56 e 82 da Instrução Normativa RFB nº 1.300, de 20 de novembro de 2012, passam a vigorar com a seguinte redação: (...)
"Art. 56. ...
§ 8º A compensação de débitos da CPRB com os créditos de que trata o caput será efetuada por meio do programa PER/DCOMP ou, na impossibilidade de sua utilização, mediante a apresentação à RFB do formulário constante do Anexo VII desta Instrução Normativa, ao qual deverão ser anexados documentos comprobatórios do direito creditório, e observará o disposto no parágrafo único do art. 26 da Lei nº 11.457, de 16 de março de 2007." (NR)

5.4.3. Discussões acerca da vigência das alterações da CPRB

Como indicado anteriormente, a Lei nº 13.161/2015, em linhas gerais, tornou a CPRB facultativa e instituiu novas alíquotas para a contribuição, sendo que a tributação foi majorada para a maioria dos setores antes sujeitos ao regime de desoneração.

A referida Lei determinou também que, para as empresas que preferem permanecer sujeitas à CPRB, a opção pela tributação substitutiva "será manifestada mediante o pagamento da contribuição incidente sobre a receita bruta relativa a janeiro de cada ano, ou à primeira competência subsequente para a qual haja receita bruta apurada, e será irretratável para todo o ano calendário."

Apenas com relação ao ano de 2015, a opção pela CPRB deve ser manifestada mediante o pagamento da contribuição incidente sobre a receita bruta relativa a novembro de 2015. Por outro lado, o artigo 7º da referida Lei determina que suas disposições entram em vigor apenas em 1º/12/2015[99].

Diante desse desencontro de datas, surgiu dúvida quanto às regras que deveriam ser observadas pelas empresas no final do ano. Se efetuassem o pagamento da CPRB em dezembro/2015, relativa à competência de novembro/2015, estaria configurada a opção pela CPRB também para o pagamento devido em janeiro/2016, referente à competência de dezembro/2015? E quais alíquotas seriam aplicáveis nestes meses?

Para sanar essa dúvida, a Receita Federal editou o ADI nº 9, de 9 de dezembro de 2015, por meio do qual determinou que a opção relativa à CPRB para o ano de 2015 será feita mediante o pagamento a ser feito em janeiro/2016, relativo à competência de dezembro/2015. Foi determinado também que as empresas não optantes pela CPRB da competência de dezembro/2015 devem efetuar o pagamento da contribuição sobre a folha sobre o valor de 1/12 do 13º salário relativo à competência de dezembro/2015, ainda que a empresa tenha antecipado o pagamento do 13º salário integral para o mês de novembro/2015:

---

[99] O artigo 7º da Lei nº 13.161/2015 determina que a Lei entrará em vigor (quanto aos assuntos relativos à CPRB) a partir do primeiro dia do quarto mês subsequente ao de sua publicação. A publicação, por sua vez, ocorreu em 31.8.2015. Esse prazo de vigência está de acordo com o princípio da anterioridade nonagesimal previsto no artigo 195, § 6º, da CF/88.

Art. 1º A opção pela tributação substitutiva prevista nos arts. 7º e 8º da Lei nº 12.546, de 14 de dezembro de 2011, excepcionalmente para o ano de 2015, será manifestada mediante o pagamento da Contribuição Previdenciária sobre a Receita Bruta (CPRB) relativa a dezembro de 2015 com vencimento em 20 de janeiro de 2016, tendo em vista que a nova redação desses artigos dada pela Lei nº 13.161, de 31 de agosto de 2015, começa a viger no dia 1º de dezembro de 2015, conforme disposto no inciso I do caput do seu art. 7º.

Art. 2º A empresa submetida à CPRB até a competência novembro de 2015 que não fizer para o ano de 2015 a opção pela contribuição substitutiva prevista nos arts. 7º e 8º da Lei nº 12.546, de 2011, fica obrigada ao recolhimento da contribuição de que trata o inciso I do caput do art. 22 da Lei nº 8.212, de 24 de julho de 1991, sobre o valor de 1/12 (um doze avos) do 13º (décimo terceiro) salário de segurados empregados e trabalhadores avulsos, referente à competência dezembro de 2015.

Parágrafo único. A contribuição de que trata o inciso I do caput do art. 22 da Lei nº 8.212, de 1991, deverá ser recolhida ainda que a empresa tenha antecipado o pagamento do 13º (décimo terceiro) salário integral para o mês de novembro de 2015.

A nosso ver, a determinação de que a opção pela CPRB em 2015 será feita com o pagamento a ser feito em janeiro/2016, relativo à competência de dezembro/2015, está em consonância com os princípios da irretroatividade e anterioridade previstos respectivamente nos artigos 150, inciso III, alínea "a", e 195, § 6º, da CF/88. Afinal, para a CPRB relativa à competência de novembro/2015, cujo fato gerador ocorreu no final do referido mês, devem ser aplicadas as regras anteriores, já que a nova Lei nº 13.161/2015 somente produziu seus efeitos a partir da competência de dezembro/2015.

Contudo, questionamentos podem surgir quanto à situação relativa ao pagamento do 13º salário feito por empresas de forma antecipada, integralmente em novembro/2015. Pode-se entender que, em razão da falta de pagamento efetivo de 13º salário em dezembro/2015, a empresa não optante pela CPRB para 2015 não está obrigada a efetuar o pagamento da contribuição sobre a folha relativa a este último mês, o que nos parece ser a melhor interpretação.

Sem ampliar muito a discussão sobre as regras que aplicáveis quanto à CPRB no final de 2015, o que se pretende demonstrar neste capítulo é como uma regra de vigência aparentemente simples e relativa a um ou dois meses de 2015 pode ganhar proporções maiores, na medida em que inserida em um contexto tributário já complexo e intrincado.

Ou seja, determinar-se a incidência de novas regras relativas a uma nova contribuição ganham complexidade, pois refletem em outros aspectos, como por exemplo na opção da empresa por permanecer no regime da CPRB por um período maior e na forma de tributação relativa ao 13º salário – já quitado por algumas empresas de forma antecipada, integralmente antes da vigência da nova norma relativa à CPRB.

Mais uma vez, tempo e recursos são despendidos para solução da questão (muito embora a resposta da Receita Federal tenha sido formalizada de forma célere nesse caso, o que deve ser notado).

5.5. Princípios da publicidade, motivação e impessoalidade

Entendemos relevante fazer algumas considerações sobre esses princípios e, enfim, demonstrar que não foram necessariamente respeitados na instituição e alteração da CPRB.

Os princípios da publicidade e impessoalidade estão previstos no artigo 37 da CF/88 e vinculam a administração pública direta e indireta de qualquer dos Poderes da União, dos Estados, do Distrito Federal e dos Municípios. Já o princípio da motivação está previsto no artigo 2º da Lei nº 9.784/99 e, a nosso ver, também decorre do princípio da publicidade.

Com base no princípio da impessoalidade, os atos da administração pública devem ser praticados levando-se em consideração o interesse público e não uma pessoa ou um grupo de pessoas. Já os princípios da publicidade e motivação devem assegurar que a administração pública divulgue seus atos e, a nosso ver, também sua razão ou justificativa, para que haja a devida transparência dos atos praticados.

A desoneração da folha foi inicialmente instituída para os setores de tecnologia da informação e tecnologia da informação e comunicação, bem como para empresas que fabricam alguns produtos, tais como de vestuário, artefatos de couro, calçados e moveleira. Na exposição de motivos da MP[100], diz-se que se busca a "formalização das relações de trabalho e ao fomento das atividades de tais setores".

---

[100] BRASIL. PRESIDÊNCIA DA REPÚBLICA. Exposição de Motivos Interministerial nº 122 – MF/MCT/MDIC. Brasília, 02/08/2011. Disponível em http://www.planalto.gov.br/ccivil_03/_ato2011-2014/2011/Exm/EMI-122-MF-MCT-MDIC-Mpv540.htm. Acesso em 09/09/2015.

Posteriormente, foi ampliada a lista de setores beneficiados com a medida, chegando a um total de cerca de 56. Houve, de certa forma, explicação para a inclusão de setores na medida em que vinha ocorrendo, o que atenderia ao princípio da publicidade. A esse respeito, confira-se a exposição de motivos da MP nº 563/2012[101], que ampliou o rol de empresas sujeitas à desoneração:

> 71. Em vista das considerações expostas, a presente proposição aduz convergência às diretrizes do Plano Brasil Maior e estabelece a continuidade do processo de desoneração da folha de pagamentos, mediante a definição de setores selecionados dos serviços e da indústria de transformação, que serão contemplados com a migração da base de contribuição patronal para a seguridade social, da folha de pagamentos para o faturamento, conforme previsto nos §§ 12 e 13 do art. 195 da Constituição Federal.

Contudo, ainda que tenha havido certa explicação sobre a sistemática de desoneração, sobre outro ponto de vista, a inclusão de setores beneficiados em detrimento de outros (especialmente aqueles incluídos na sistemática com base no produto fabricado, de acordo com o respectivo código NCM) foi feita de forma arbitrária e sem que houvesse a devida explicação (publicidade e motivação) sobre o ato administrativo.

Afinal, a dúvida que resta é a seguinte: por que produtos tão semelhantes aos que se submeteram à desoneração da folha permaneceram fora da sistemática?

A impressão que fica é a de que o Governo Federal atendeu a anseios de determinados setores beneficiados para fazer com que seus produtos estivessem sujeitos à desoneração, obviamente porque a nova sistemática (da CPRB) é mais benéfica do que forma de apuração pela antiga contribuição sobre a folha.

Com isso, ocorre uma interferência indevida do Estado na escolha de quais empresas de determinados setores econômicos seriam os vencedores (contemplados) e quais seriam os perdedores (excluídos), substituindo assim

---

[101] BRASIL. PRESIDÊNCIA DA REPÚBLICA. Exposição de Motivos Interministerial nº 00025/2012-MF/MDIC/MCTI/MEC/MC/SEP/MS/MPS. Brasília, 2 de abril de 2012. Disponível em http://www.planalto.gov.br/ccivil_03/_ato2011-2014/2012/Exm/EMI-25-MF-MDIC-MCTI-MEC-MC-SEP-MS-MPS-MPV-%20563.doc. Acesso em 09/09/2015.

a função do mercado na alocação de recursos, pois são criados privilégios arbitrários decorrentes da prática incentivada do *lobby*[102].

Disso decorre que outro princípio constitucional e administrativo pode não ter sido respeitado: o da impessoalidade. Alterar-se as regras de contribuições para alguns setores da economia em detrimento de outros que também poderiam ser beneficiados viola esse princípio, na medida em que é vedado à administração pública "pinçar" quais empresas ou grupo de empresas se beneficiaria com uma tributação mais favorável.

A distorção entre os setores da economia perpetuou-se, inclusive, com a edição da Lei nº 13.161/2015. O objetivo era reverter ao menos parcialmente o efeito danoso na arrecadação ocorrido em razão da renúncia fiscal decorrente da desoneração, e por isso pretendeu-se majorar a alíquota da CPRB, de 1% para 2,5%, e de 2 para 4,5%. Isso foi feito para a maioria das empresas antes beneficiadas com a medida. Contudo, durante os debates sobre o projeto de lei nº 863/2015, a Câmara dos Deputados beneficiou alguns setores específicos, mediante a aplicação de alíquotas mais brandas, sob o fundamento de que esses setores seriam prejudicados com a reversão da desoneração (aumento da alíquota)[103].

Havia, portanto, cinco alíquotas diferentes para a CPRB: 1%, 1,5%, 2,5%, 3% e 4,5%, sem que houvesse justificativa para tanto. Inclusive, durante os debates da Câmara dos Deputados, a falta de clareza para essa classificação foi um ponto levantado; porém, ignorado[104].

Até mesmo no momento da sanção da Lei nº 13.161/2015 houve veto parcial, em razão de contrariedade ao interesse público e inconstitucionalidade, do artigo 8º-B[105], que seria incluído à Lei nº 12.546/2011. Esse artigo

---

[102] PELLEGRINI, Josué; MENDES, Marcos. O que é desoneração da folha de pagamento e quais são seus possíveis efeitos? Brasil, Economia e Governo. Disponível em http://www.brasil-economia-governo.org.br/2014/08/11/o-que-e-desoneracao-da-folha-de-pagamento--e-quais-sao-seus-possiveis-efeitos. Acesso em 07/09/2015.

[103] BRASIL. CÂMARA DOS DEPUTADOS. Diário da Câmara dos Deputados, ano LXX, nº 106, sexta-feira, 26 de junho de 2015. Disponível em http://imagem.camara.gov.br/Imagem/d/pdf/DCD0020150626001060000.PDF#page=, p. 43. Acesso em 09/09/2015.

[104] *Id. Ibidem*, p. 130.

[105] "Art. 8º-B. Ficam excluídas do art. 8o-A as empresas que fabricam os produtos nos códigos NCM mencionados no Anexo III, que poderão contribuir à alíquota de 1,5% (um inteiro e cinco décimos por cento) sobre a receita bruta prevista no art. 8º."

"Anexo III
(art. 8º-B da Lei no 12.546, de 14 de dezembro de 2011)
NCM: Vestuário e seus acessórios classificados nos Códigos 61 e 62"

alocava as empresas de vestuário e acessórios classificados nos Códigos NCM 61 e 62 ao grupo de contribuintes sujeitos à CPRB, à alíquota de 1,5%. As razões do veto foram as seguintes[106]:

> "A inclusão dos dispositivos, ao conceder alíquota diferenciada ao setor, implicaria prejuízos sociais e contrariariam a lógica do Projeto de Lei original, que propôs ajustes necessários nas alíquotas da contribuição previdenciária sobre a receita bruta, objetivando fomentar, no novo contexto econômico, o equilíbrio das contas da Previdência Social."

Essas razões de veto, contudo, se tornas inconsistentes com o inteiro teor da própria Lei nº 13.161/2015 sancionada. Afinal, se a concessão de alíquotas diferenciadas por setor econômico implica prejuízos sociais e contraria a lógica do projeto de lei original (que propôs ajustes nas alíquotas da CPRB para equilibrar as contas da Previdência Social), por que não se mantiveram apenas as duas alíquotas do projeto original (de 2,5% e 4,5%) ao invés de ser aprovado o texto alterado com cinco alíquotas diferentes (1%, 1,5%, 2,5%, 3% e 4,5%)? Mais obscuro ainda é o motivo pelo qual apenas os setores de vestuário e acessórios classificado nos códigos NCM 61 e 62 deixaram de ser contemplados com uma alíquota incentivada de 1,5%, enquanto o setor de calçados foi beneficiado. Também não há clareza quanto ao motivo de atualmente se manter a desoneração apenas para os setores de construção, transportes e comunicação.

A crítica que se faz aqui é que, afinal, qualquer setor e qualquer empresa é prejudicado por um aumento de alíquota de um tributo, qualquer que seja, pelo simples fato de que aumenta-se o valor que o contribuinte despenderá para custear o Estado e, consequentemente, diminui-se o valor disponível para a empresa, que poderia ser usado para ampliação do setor produtivo, contratação de mais mão de obra ou distribuição de lucros aos sócios ou acionistas. Sob esse aspecto, não há motivos para se desonerar um tipo de empresa e outro não, e as razões para isso ter ocorrido não foram divulgadas pelo Congresso, nem pela Presidência.

Não houve sequer um estudo prévio que justificasse a aplicação de alíquotas menores para os poucos setores ora selecionados. Adotou-se mera

---

[106] BRASIL. PRESIDÊNCIA DA REPÚBLICA. Mensagem nº 330, de 31 de agosto de 2015. Disponível em http://www.planalto.gov.br/ccivil_03/_Ato2015-2018/2015/Msg/VEP-330.htm. Acesso em 07/09/2015.

retórica e, ao final, temos hoje uma contribuição social recortada para ser aplicada de forma diferenciada para setores antes escolhidos também sem fundamento suficiente.

Outro exemplo: deveria haver um motivo pelo qual empresas jornalísticas teriam o mesmo incentivo de alíquota reduzida de 1,5% do que empresas de transporte ferroviário. E por que as empresas de transporte ferroviário de passageiros recolheriam a contribuição a 3% enquanto que as empresas de transporte ferroviário de carga estariam sujeitas à metade dessa alíquota (1,5%). Ou então por que empresas que fabricam ônibus (NCM 87.02) estariam sujeitas à desoneração com base na alíquota de 1,5%, ao passo que empresas que fabricam trólebus (NCM 8702.90.10) estão fora da desoneração. Essas questões, todavia, permanecem em aberto.

Capítulo 6
Propostas para Desoneração da Folha de Forma mais Eficiente

6.1. Eficácia limitada das alterações na legislação da CPRB

Como visto anteriormente, a CPRB, na forma em que instituída e mesmo após sucessivas alterações, apresenta questões controversas. Passaremos a analisar, portanto, se eventuais alterações na Lei nº 12.546/2011, por meio de outra lei ordinária, poderiam aprimorá-la.

Em princípio, seria possível instituir-se sistemática não-cumulativa para a CPRB, ou seja, que leve em consideração a possibilidade de aproveitamento de créditos em etapas anteriores da cadeia produtiva, o que poderia tornar o sistema menos regressivo. Contudo, a criação de regras para o aproveitamento de créditos pode trazer novas controvérsias, por exemplo sobre a forma como os créditos poderiam ser apurados, de forma semelhante à discussão que existe atualmente sobre a não-cumulatividade do PIS e da COFINS, como trataremos mais adiante. Isso aumentaria a litigiosidade do tema.

Além disso, para que se buscasse mais eficiência econômica, poder-se-ia instituir regra que condicionasse a sujeição à CPRB a uma contraprestação, ou seja, à demonstração pelas empresas beneficiadas de que atingiram determinadas metas de crescimento do número de contratações e/ou de desenvolvimento econômico. Porém, deve-se fazer ressalva a essa alternativa: a quantidade de obrigações acessórias e instrumentos de controle a serem desenvolvidos tanto pelas empresas como pelas autoridades fiscais para apuração de resultados positivos decorrentes da aplicação da CPRB poderia agravar a complexidade da legislação tributária a que as empresas já estão sujeitas atualmente, o que não é desejável.

A CPRB poderia ser mais isonômica se a opção por ela fosse facultada para empresas de todos os setores econômicos e caso fosse instituída com base em alíquota uniforme. Contudo, a finalidade da desoneração da folha, qual seja, incentivo à formalização de mão-de-obra, seria deixada de lado, já que a decisão pela sujeição ou não à CPRB dependeria apenas da existência ou não de redução da carga tributária.

Seria possível também, em princípio, instituir-se sistemática de apuração e recolhimento mais simples para a CPRB, evitando-se procedimentos que privilegiem regras de exceção em detrimento de regras gerais de simples observância. Porém, como a CPRB, a nosso ver, é de fato uma nova contribuição, a própria criação dela já torna o sistema tributário brasileiro mais complexo, diante da grande quantidade de tributos hoje existente.

Assim, concluímos que alterações na legislação ordinária relativa à CPRB teriam pouca ou nenhuma eficácia, mesmo que eventualmente possam ocorrer de forma mais rápida e em que pese o potencial de aproximarem a sistemática de apuração dessa nova contribuição aos princípios constitucionais, administrativos e econômicos ora estudados.

Por isso, acreditamos que a desoneração da folha deva ocorrer de outra forma, **extinguindo-se a CPRB e instituindo-se novas regras com base na legislação de tributação sobre a folha vigentes**. Para melhor expor esse ponto, apresentaremos primeiramente estudo feito pela OCDE sobre a necessidade de desoneração da folha no país. Em seguida, faremos considerações sobre proposta de reforma tributária elaborada em 2008 e, em seguida, concluiremos com nossas considerações sobre a melhor forma de ocorrer a desoneração da folha.

6.2. Necessidade de desoneração da folha: análise da economia do Brasil em 2009 pela OCDE

Em Julho de 2009, a OCDE elaborou estudo denominado "Economic Survey" sobre diversos aspectos relativos à economia do Brasil[107]. Dentre

---

[107] Disponível em http://www.keepeek.com/Digital-Asset-Management/oecd/economics/oecd-economic-surveys-brazil-2009_eco_surveys-bra-2009-en#page1. Acesso em 08/11/2015.

eles, foram destacados pontos relevantes sobre a tributação brasileira. De plano, ressaltou-se ser de conhecimento geral que a carga tributária deveria ser aliviada.

A OCDE também mencionado o projeto de reforma tributária enviado ao congresso em fevereiro de 2008, o qual, como será tratado abaixo, pretendeu unificar o ICMS e alterar a sua cobrança da origem para o destino, substituir tributos federais por um VAT único e reduzir a carga tributária sobre rendimentos de trabalho, por meio da diminuição da alíquota da contribuição social e eliminação de um dos tributos sobre a folha de salários (Salário-Educação)[108]. A nosso ver, e na linha do que mencionaremos adiante, essa proposta foi muito bem formulada; contudo, o projeto não seguiu em frente.

Outro aspecto ressaltado foi o de que contribuições sociais incidem sobre a receita das empresas, que tem efeito deletério na eficiência do sistema tributário, como que concordamos (inclusive em razão da demasiada oneração existente sobre a receita atualmente). Ademais, indicou-se que parte dessas receitas está destinada a financiar programas sociais específicos que não possuem necessariamente o melhor custo-benefício[109] (privilegiam-se políticas redistributivas mas que não necessariamente são eficazes o suficiente).

No que interessa mais especificamente ao presente trabalho, ressaltou-se que a alta tributação incidente sobre a folha de salários e as contribuições sociais desencorajam a criação de empregos no setor formal e, portanto, incentivam a informalidade. Para contextualizar a questão, e como indicado no relatório da OCDE, incidem sobre a folha de salários das empresas (i) contribuição social de 20%, em média; (ii) contribuição ao SAT/RAT entre 0,5% e 6%; (iii) FGTS a 8%; (iv) contribuições para-fiscais (a terceiras entidades) de 5,8%. A contribuição devida pelo empregado ou contribuinte individual é de 11% sobre seus rendimentos. No total, a carga tributária varia entre 42,3% e 50,8%[110].

Outro aspecto relevante e com o qual concordamos é a constatação de que o sistema tributário brasileiro não é muito progressivo, em razão do amplo uso de tributos indiretos, que tendem a ser regressivos. Como

---

[108] Id. Ibidem, p. 76.
[109] Id. Ibidem, p. 80.
[110] Id. Ibidem, p. 83.

exemplo, cita-se estudo[111] que concluiu que tributos indiretos representam 46% da receita de famílias cuja renda equivale a duas vezes o salário mínimo em 2004, enquanto que esse percentual é de 16.5% com relação a famílias cuja renda é de mais de 30 vezes o salário mínimo. Conclui-se que gastos governamentais com transferências diretas de receitas é uma forma mais eficaz de redistribuição de renda do que o sistema tributário[112].

Nota-se assim que o problema da elevada carta tributária sobre a folha e da regressividade do sistema tributário brasileiro existe e é facilmente constatável. Esses problemas obviamente devem ser tratados; contudo, como indicaremos a seguir, a própria OCDE concluiu que a instituição da CPRB não foi a melhor forma de se tentar endereçar essas questões, com o que concordamos.

6.3. Projeto de Emenda Constitucional nº 233: Reforma Tributária

Como já tivemos a oportunidade de indicar anteriormente, a PEC nº 233/2008, enviada pelo Poder Executivo à Câmara dos Deputados, foi uma tentativa de se promover uma Reforma Tributária que simplificasse o sistema tributário brasileiro.

No plano estadual, instituía um "novo ICMS", que contaria com regulamentação única e alíquotas uniformes (sendo vedada a criação por norma estadual), e que poderia ser instituído mediante Lei Complementar de iniciativa (i) de um terço dos membros do Senado Federal, desde que haja representantes de todas as Regiões do país; (ii) de um terço dos Governadores de Estado e Distrito Federal ou das Assembleias Legislativas, também desde que estejam representadas todas as Regiões do País; e (iii) do Presidente da República.

Esse novo ICMS manteria sua característica de não cumulativo e pertenceria ao Estado de destino da mercadoria ou serviço, exceto com relação à parcela de 2% sobre o valor da base de cálculo do imposto, que pertenceria ao Estado de origem da mercadoria ou serviço. Seria uma ótima forma de se tentar evitar a guerra fiscal entre Estados.

Também se concedia competência à União Federal para instituir imposto sobre operações com bens e prestações de serviços, o qual (i) seria não

---

[111] Zockun (2008), *apud* OCDE, p. 84.
[112] Id. Ibidem, p. 84.

cumulativo, (ii) não incidiria sobre exportações e (iii) seria cobrado sobre operações que não constituíssem circulação ou transmissão de bens. Esse seria o denominado imposto sobre o valor adicionado federal (IVA-F), que englobaria as atuais contribuições sociais COFINS, PIS e Cide-Combustível. A CSLL também seria extinta e incorporada ao IRPJ. A nosso ver, esse ponto da proposta também é louvável, pois privilegia a simplicidade da tributação.

Com relação às regras de tributação da folha de pagamento, o atual artigo 195 da CF/88 prevê que a seguridade social será financiada também por contribuições sociais do empregador, empresa equiparados, incidentes sobre a folha de salários e demais rendimentos do trabalho, a receita ou o faturamento e o lucro. A nova redação proposta para esse artigo, por sua vez, reduzia a hipótese de incidência para prever apenas a contribuição social do empregador, da empresa e da entidade equiparada, incidente sobre a folha de salários e demais rendimentos do trabalho.

Apesar da manutenção da contribuição sobre a folha, no referido texto, abria-se a possibilidade de haver a substituição dessa contribuição pelo aumento da alíquota do imposto federal sobre operações com bens e prestação de serviços, o que entendemos ser uma boa medida para se obter a desoneração. Se isso ocorresse, o texto constitucional assegurava que percentual do produto da arrecadação do imposto seria destinado ao financiamento da previdência social, e não se aplicariam regras gerais de repartição de receitas. A nosso ver, haveria portanto duplo benefício: redução da tributação sobre empregos e garantia de financiamento da seguridade social.

Essa redução ocorreria de forma gradativa mediante lei, a ser efetuada do segundo ao sétimo ano subsequentes ao da promulgação da Emenda Constitucional, conforme disposto no artigo 11 da PEC. O projeto da referida lei deveria ser encaminhado pelo Poder Executivo em até noventa dias contados da promulgação da Emenda.

Segundo Cartilha elaborada pelo Ministério da Fazenda[113] sobre a reforma tributária, as medidas relativas à desoneração propostas são a (i) redução de 20% para 14% da contribuição sobre a folha dos empregadores (mediante a redução de um ponto percentual por ano); e (ii) extinção da contribui-

---

[113] BRASIL. Ministério da Fazenda. Reforma Tributária. Brasília, 2008. Disponível em http://www2.fazenda.gov.br/divulgacao/publicacoes/reforma-tributaria/cartilha.reforma.tributaria.pdf/at_download/file. Acesso em 12/12/2015.

ção para o Salário Educação, compensada pela criação do IVA-F[114]. Isso equivaleria a desoneração equivalente a 8,5% do valor da folha de salários das empresas[115].

Havia também exceções à contribuição sobre a folha, tais como a regra de que a agroindústria, o produtor rural pessoa física ou jurídica, o consórcio simplificado de produtores rurais, a cooperativa de produção rural e a associação desportiva podem ficar sujeitos à contribuição sobre a receita, o faturamento ou o resultado de seus negócios, em substituição à contribuição sobre a folha. Nessa hipótese, não se aplicaria a imunidade das receitas de exportação garantida pelo artigo 149, § 2º, inciso I, da CF/88.

Essas exceções estão mais ligadas às características peculiares das atividades desses setores econômicos, por exemplo em razão do elevado grau de informalidade existente na contratação de mão de obra do setor rural. No presente trabalho não temos incentivado o uso de exceções em detrimento de regras gerais; contudo, nesse caso específico (e por haver justificativa razoável) a exceção pode ser a medida mais indicada.

A PEC nº 233/2008 encontra-se apensada à PEC nº 31/2007, à qual foram apensadas diversas outras PECs para tramitação em conjunto perante a Câmara dos Deputados.

6.4. Alternativa escolhida pelo Brasil para a desoneração da folha e análise da economia do Brasil em 2013 feita pela OCDE

Apesar da coerência das promissoras propostas indicadas na PEC 233, como já tratado neste trabalho, a alternativa adotada pelo país para a desoneração da folha foi a instituição da CPRB.

Em 2013, a OCDE editou nova versão do estudo "Economic Survey"[116] que aborda as alterações promovidas. De plano, ressalta que a reforma tributária ainda continua sendo uma prioridade. A carga tributária de cerca de 37% do PIB é comparada à tributação de países com economia desenvolvida, mas alto em comparação com países emergentes. Os custos de conformidade com a legislação tributária permanecem muito altos (como demonstramos neste trabalho) e há necessidade de se migrar para

---

[114] Id. Ibidem. p. 11
[115] Id. Ibidem. p. 12
[116] Disponível em http://www.keepeek.com/Digital-Asset-Management/oecd/economics/oecd-economic-surveys-brazil-2013_eco_surveys-bra-2013-en#page2. Acesso em 15/11/2015.

incidências tributárias menos distorcivas, para que haja aumento da carga tributária sobre a produção e assegure-se competitividade[117].

Com relação à CPRB, ressalta a OCDE que adicionar-se mais uma contribuição sobre a receita (CPRB), além das já existentes e da alta tributação sobre o lucro (34% – IRPJ e CSLL), contribui para a redução do retorno dos investimentos e deveria ser reconsiderada. Ademais, a tributação se torna mais distorciva, porque, ao se tributar receita ao invés de lucro, não se permite a dedução de despesas, o que impacta toda a cadeia econômica. Com isso, o Brasil está, na realidade, na contramão da tendência global de se privilegiar estruturas econômicas mais fragmentadas, que contam com diversas empresas nacionais e internacionais[118], entendimento com o qual concordamos.

O estudo traz também um dado relevante e preocupante. Ao invés de haver desoneração da folha em razão da CPRB, esse efeito esperado pode ser anulado ou reduzido se, em contrapartida, empregadores assegurarem maiores salários aos contratados (já que, afinal, a incidência tributária sobre rendimentos de trabalho foi reduzida). Isso mostra como a dinâmica empresarial pode não responder a incentivos fiscais como esperado.

Ademais, aponta a OCDE que, em um cenário de baixo investimento e amplo emprego (existente à época do estudo), seria melhor privilegiar incentivos para investimentos do que incentivos para contratações[119]. Até mesmo porque, a nosso ver, sem investimentos não se pode assegurar crescimento econômico e, como consequência, não há garantia de que a mão de obra adicionalmente contratada (em razão da redução da tributação sobre a folha) possa ser absorvida a longo prazo.

Por isso, conclui novamente a OCDE, nosso país deveria reinstituir integralmente a incidência tributária sobre a folha para todos os setores e instituir ou privilegiar tributos que causem menor distorção como um incidente sobre o consumo (desde que não-cumulativo) ou sobre propriedades, como o IPTU[120]. Não concordamos com o aumento do tributo sobre propriedades, já que em linhas gerais o problema maior parece estar nos elevados gastos com custeio do Estado (e não falta de arrecadação), mas

---

[117] Id. Ibidem, p. 30.
[118] Id. Ibidem, p. 30.
[119] Id. Ibidem, p. 58-59.
[120] Id. Ibidem, p. 30.

concordamos que a CPRB deva ser extinta ou ao menos alterada para que a desoneração da folha possa ocorrer de forma mais eficaz, como proporemos no tópico seguinte.

Uma alternativa proposta pela OCDE seria substituir a tributação sobre a folha pela tributação sobre valor adicionado, o que deixaria de tributar despesas com investimentos (em contrapartida com o que ocorre com a tributação sobre receita) e aumentaria a competitividade. Contudo, a OCDE reconhece que, antes disso, deve haver outras reformas, em especial nos tributos atualmente existentes sobre o valor adicionado (que já representam alta carga tributária), o que ocorreria com a substituição do ICMS pelo IVA-F[121], entendimento com o qual concordamos.

6.5. Análise crítica da CPRB e propostas para a desoneração da folha

A implementação de medidas para desoneração da folha representa avanço no sentido de se incentivar a contratação formal de mão de obra. Caso a eventual perda de arrecadação em decorrência da desoneração seja compensada por um tributo não cumulativo, pode-se inclusive contribuir para que o sistema tributário brasileiro se torne mais progressivo. Essas podem ser consideradas premissas importantes para se buscar a desoneração da folha de pagamentos.

Questões relativas ao atual momento econômico do país também devem ser levadas em consideração para se decidir ou não pela implementação da desoneração da folha. Contudo, não podem ser determinantes para isso, pois o cenário econômico está sujeito a mudanças constantes. Como exposto anteriormente, em 2009, a OCDE sustentou a importância da desoneração da folha no país; contudo, em 2013, apontou que, de acordo com o cenário brasileiro, deveriam ser privilegiados incentivos para investimentos e não incentivos para contratações, pois teria sido constatada situação próxima ao pleno emprego à época. E em 2015, vemos novamente aumentar a taxa de desemprego, o que, em um primeiro momento, levaria ao raciocínio inverso de que incentivos para desoneração da folha e contratações deveriam ser privilegiados novamente.

Na contramão de oscilações econômicas, vemos que relevantes alterações no sistema tributário brasileiro são difíceis de ocorrer e podem levar anos para se materializarem, se é que efetivamente saem do papel.

[121] Id. Ibidem, p. 60.

Por isso, evidências econômicas imediatas são importantes para se buscar alterações no regime tributário (que podem tem efeito mais rápido sobre a economia), mas não podem ser o fator mais determinante para isso. Na realidade, há necessidade de se implementar mudanças estruturais no sistema tributário brasileiro, independentemente do cenário econômico.

Feita essa ressalva inicial, é importante mencionar também que muitas empresas se beneficiaram da CPRB, notadamente em razão da redução da carga tributária total, já que a alíquota adotada foi inferior à denominada alíquota neutra, ou seja, à alíquota que equivaleria apenas à substituição entre o percentual de tributação sobre a folha e o percentual sobre a receita.

Contudo, é necessário analisar as consequências da desoneração sob um cenário mais amplo. Como leciona Álisson José Maia Melo[122], a concessão de incentivos prejudica a imagem do Estado perante contribuintes, os quais se sentem menos estimulados a pagar tributos, se os benefícios forem dados apenas para determinados grupos. Além disso, continua o Autor, incentivos são concedidos muitas vezes como forma de se tentar mitigar uma ineficiência do próprio Estado para a efetividade da realização de políticas públicas[123].

Nesse sentido, o benefício da desoneração não foi garantido a todas as empresas que gostariam de dele usufruir e a volatilidade da CPRB fez com que os benefícios fossem quase totalmente revertidos em poucos anos após sua instituição.

Esse é um dos pontos mais frágeis da CPRB: sua instituição e individualização por setor econômico. Desde o advento da Emenda Constitucional nº 42/2003, foram incluídos os §§ 12 e 13 no artigo 195 da CF/88, segundo os quais as contribuições sociais poderiam ser não cumulativas, dependendo do setor econômico escolhido.

Abriu-se, portanto, a possibilidade de a estipulação de tributação individualizada por setor econômico se tornar regra, quando na realidade deveria ser exceção. Esse é o início de toda a distorção ocasionada pela CPRB, pois regimes de tributação diferenciados levam a uma série de problemas.

---

[122] MELO, Álisson José Maia. Premissas para uma abordagem jurídica dos incentivos fiscais. Regime Jurídico dos Incentivos Fiscais. MACHADO, Hugo de Brito (Coord.). Malheiros Editores: 2015, p. 65.
[123] Id. Ibidem. p. 65.

A tributação passa a ser casuística, a depender da atividade econômica exercida, o que ocasiona aumento dos custos de conformidade. Afinal, a empresa deve apurar (sujeita à fiscalização da Receita Federal e a duras penas – impossibilidade de obter CND e sujeição a autuação fiscal com multa de ao menos 75%) se a CPRB deve ser calculada de forma integral ou proporcional, por exemplo. E terceiros que negociam com a empresa precisam saber ou estimar a forma como ela apura a CPRB, já que isso influencia no percentual de retenção da contribuição (cuja responsabilidade é do tomador do serviço).

A tributação mais benéfica por setor econômico faz também com que haja uma verdadeira corrida das empresas para se enquadrar no novo regime. O enquadramento às regras da CPRB acaba sendo feita casuisticamente (em detrimento da tributação sobre base mais ampla de contribuintes, que causa menos distorção), dependendo do nível de influência que determinado setor econômico possui nos Poderes Executivo (instituição mediante MPs) ou Legislativo, e não decorre de estudo prévio que aponte as reais necessidades de um ou outro setor econômico ser beneficiado pela medida.

Após implantadas as alterações, revertê-las depende de um processo mais difícil ainda de se materializar. Em fevereiro de 2015, o Ministro da Fazenda apontou que a denominada "brincadeira" da desoneração se mostrou extremamente cara e não protegeu o emprego[124]. O custo da desoneração (dentre outros incentivos) foi inclusive mencionado pela OCDE no já citado estudo "Economic Survey: Brasil 2015":

> Nos últimos anos, isenções fiscais significativas e aumento de apoio financeiro para bancos públicos levaram a uma deterioração das contas fiscais. Parte das isenções fiscais foram revogados desde então e o governo anunciou um fim a transferências de capital do Tesouro para os bancos públicos em 2015. O saldo fiscal deteriorante levou a um aumento da dívida bruta de 52% do PIB em 2010 para 59% em 2014. Esse valor é inferior do que o de muitas economias avançadas, mas é alto considerando-se a taxa de juros de mais de 13% que o Brasil paga sobre sua dívida.[125]

---

[124] Disponível em http://g1.globo.com/economia/noticia/2015/02/brincadeira-da-desoneracao-se-mostrou-extremamente-cara-diz-levy.html. Acesso em 16/11/2015.
[125] Disponível em http://www.keepeek.com/Digital-Asset-Management/oecd/economics/oecd-economic-surveys-brazil-2015_eco_surveys-bra-2015-en#page20. Acesso em 13/12/2015.

No dia seguinte à declaração do Ministro da Fazenda indicada acima, a Presidente da República repreendeu essa declaração e afirmou que a desoneração foi importantíssima e apenas deveria ser reajustada[126]. O resultado final foi a parcial reversão da CPRB, e não sua extinção, muito embora a quantidade de setores econômicos sujeita à medida tenha sido substancialmente reduzida.

Há hoje um novo tributo que não atinge mais suas finalidades iniciais. Não promove a efetiva desoneração da folha, já que a carga tributária voltou a ser elevada com a alteração trazida pela com a Lei nº 13.161/2015: a tributação anterior sobre a folha passou a ser novamente mais favorável em muitos casos. E pior do que isso, a CPRB tornou-se verdadeiro incentivo casuístico a algumas empresas.

Não se sabe, afinal, a razão para se manter a desoneração apenas para empresas de poucos setores econômicos específicos, que pode aumentar a quantidade de discussões judiciais sobre a matéria, já que outras empresas podem também querer se beneficiar da medida.

Setores econômicos específicos podem necessitar de melhores condições para se desenvolver do que outros; contudo, políticas tributárias de âmbito nacional devem tratar das condições econômicas de forma mais ampla e ao menos justificar eventual benefício concedido a um ou outro setor, o que inclusive pode ser feito de forma temporária (em caso de necessidade) para não se perpetuar distorções.

Feitas essas considerações, propomos que uma alternativa para se promover a desoneração é inseri-la no âmbito de reforma tributária estrutural, como a trazida inicialmente por meio da PEC 233, na linha inclusive do que reconhecido pela OCDE. Como indicado anteriormente, no âmbito da proposta relativa à PEC 233, a tributação sobre a folha seria reduzida a 14% e a perda de receita decorrente disso seria compensada por medidas

---

Tradução nossa. Versão original: "In recent years, significant tax exemptions and increasing financial support to public banks have led to a deterioration of fiscal accounts. Part of the tax exemptions have been revoked since and the government has announced an end to capital transfers from the treasury to public banks in 2015. The deteriorating fiscal balance led to an increase in gross debt from 52% in GDP in 2010 to 59% in 2014. This is lower than in many advanced economies, but it is high in light of the interest rate of over 13% that Brazil Pays on its debt."

[126] Disponível em http://g1.globo.com/economia/noticia/2015/02/dilma-afirma-que-levy-foi--infeliz-ao-criticar-politica-de-desoneracao.html. Acesso em 16/11/2015.

à época em estudo, que levavam em consideração a destinação de parte arrecadação decorrente do IVA-F para a seguridade social.

A PEC previa diferenciação de tributação por setor econômico apenas com relação ao IVA-F, para compensar o que hoje é feito com a CSL, que seria extinta (ou seja, a tributação diferenciada não seria ampliada no sistema tributário brasileiro). Também havia poucas exceções à substituição da contribuição sobre a folha por uma espécie de CPRB, apenas para setores específicos (como agroindústria). A tributação diferenciada ocorreria por exceção, privilegiando-se reforma estrutural mais abrangente.

Assim, a redução ou substituição da tributação sobre a folha pode ser feita instituindo-se ou majorando-se tributo com ampla base de incidência e que evite distorções, como por exemplo o IVA-F proposto, que unificaria PIS, COFINS e Cide-Combustíveis.

Com isso, poderia haver a desoneração da folha sem redução da carga tributária. Isso poderia reduzir entraves à implantação de uma reforma tributária, já que a arrecadação tem obviamente papel importante na instituição de alterações legislativas.

O que se propõe, portanto, é a extinção da CPRB e a instituição da desoneração da folha no contexto de uma reforma tributária, como a trazida pela PEC 233, apesar da resistência que pode haver dos setores econômicos atualmente beneficiados pela atual contribuição. Mas espera-se que os efeitos da extinção de mais um tributo cumulativo sejam mais benéficos para a economia como um todo.

Assim, pode-se retomar a ideia da PEC 233, de se reduzir a tributação sobre a folha gradativamente a 14% em cerca de seis anos, sendo que a perda de receita decorrente disso seria compensada medidas que podem envolver a destinação de maior parte arrecadação decorrente do IVA-F (a ser criado mediante a extinção de outras três contribuições – PIS, COFINS e Cide-Combustíveis) para a seguridade social.

Se não for possível implementar essa alteração no contexto de uma reforma tributária ampla, para compensar a perda na arrecadação, uma alternativa pode ser majorar as alíquotas do PIS e/ou da COFINS existentes, mas desde que a incidência dessas contribuições seja feita de forma efetivamente não-cumulativa.

Ou seja, se não for possível implementar uma reforma tributária, uma alternativa para se reduzir a contribuição sobre a folha e evitar a perda de arrecadação pode ser a majoração de outra contribuição, mas acredita-se que, caso haja esforço para se reduzir discussões sobre a não-cumulatividade do PIS e da COFINS, esses tributos possam efetivamente compensar a redução na tributação sobre a folha sem tornar o sistema tributário mais regressivo.

Apenas para contextualizar a questão, o PIS e a COFINS podem ser apurados de forma cumulativa (para menor número de empresas) ou não-cumulativa (para maior número de empresas atualmente)[127]. Essa não-cumulatividade é um verdadeiro direito de abatimento, já que como regra geral despesas decorrentes de insumos utilizados na prestação de serviços ou comercialização de produtos geram direito ao crédito dessas contribuições, a ser considerado em etapas subsequentes. Contudo, e diante de indefinição expressa quanto ao conceito do que seria insumo, eterniza-se discussão entre contribuintes e autoridades fiscais: os primeiros pretendem ampliar esse conceito (no limite, para abranger todas as despesas incorridas pela empresa) e as últimas pretendem limitar o direito ao creditamento apenas aos insumos efetivamente consumidos após contato direto com a produção, por exemplo[128].

Se houver alteração legislativa para se prever expressamente a possibilidade de creditamento amplo dessas contribuições, poderia inclusive haver redução da litigiosidade da matéria e, assim, dos custos de conformidade das empresas brasileiras. E caso a majoração da alíquota do PIS e da COFINS associada à ampliação expressa da tomada de crédito não seja suficiente para compensar a redução da carga tributária incidente sobre a folha, essa redução pode ser interrompida ou revertida, já que ocorreria paulatinamente (redução de 1 ponto percentual ao ano).

Obviamente o melhor seria que a redução da tributação sobre a folha não se seguisse de aumento de outros tributos. Isso poderia ocorrer caso houvesse também redução dos gastos correntes atualmente existentes, o que pode ser objeto de estudo específico.

Não obstante, reduzir-se gradativamente a tributação sobre a folha e compensando-se a perda de arrecadação com medida compensatória (que pode envolver a majoração de tributo já existente) parece-nos ser alternativa eficaz para se garantir os benefícios da desoneração sem grandes impasses arrecadatórios, e que pode ser aprovada mais facilmente no âmbito dos

---

[127] Com base no disposto nas Leis nºs 9.718/98, 10.637/02, 10.833/03 e alterações.
[128] A esse respeito, vide artigos 66, § 5º, inciso I, alíneas "a" e "b", da IN/SRF nº 247, de 21 de novembro de 2002, e 8º, § 4º, inciso I, alíneas "a" e "b", da IN/SRF nº 404, de 12 de março de 2004.

poderes legislativo e executivo, por ser uma alteração tributária pontual (que, apesar de estar longe de solucionar as vicissitudes do sistema tributário brasileiro, é um bom começo).

Por fim, entendemos que as alterações ora propostas possam ter melhores resultados do que se manter a sistemática da CPRB, pois (i) a CPRB é um novo tributo instituído com as vicissitudes apontadas neste trabalho; (ii) mesmo que haja alterações legislativas para aprimorá-la, continua sendo um novo tributo e, como tal, aumenta os custos de conformidade das empresas, que precisam se adaptar para apurá-lo; (iii) a desoneração por meio da redução da alíquota da contribuição sobre a folha, se feita no contexto de uma reforma tributária, pode contribuir para simplificação do sistema como um todo (por exemplo, substituindo-se COFINS, PIS e Cide-Combustíveis por um tributo, o IVA-F); e (iv) a desoneração por meio da redução da alíquota da contribuição sobre a folha independentemente de ampla reforma tributária poderia também ser feita e, em contrapartida, haveria majoração de alíquota de apenas uma contribuição já existente (como o PIS e/ou a COFINS), compensando-se a perda de arrecadação sem a necessidade de criação de novo tributo.

Capítulo 7
Conclusão

A concessão de incentivos fiscais pode esconder algumas armadilhas por vezes ofuscadas pelo benefício econômico auferido pelos beneficiários da medida. Nesse sentido, buscamos, neste trabalho, analisar mais a fundo um dos incentivos fiscais instituídos pelo Governo Federal e cujos efeitos vêm sendo amplamente debatidos pela sociedade.

Não se trata de apenas criticar uma das medidas adotadas pelo Governo no âmbito do Plano Brasil Maior, mas sim identificar os pontos mais controversos sobre o benefício e, com isso, apontar em qual direção podem estar as soluções para se aprimorar o incentivo concedido, caso seja mantido.

Em conclusão ao exposto neste trabalho, nota-se que, da forma como foi criada, a CPRB carrega vícios primeiramente por não ter fundamento constitucional de validade e também por não contribuir para a redução da regressividade do sistema tributário brasileiro.

Além disso, a CPRB implica em elevado grau de renúncia fiscal sem criar um ambiente favorável à contratação de empregados e ao crescimento econômico.

Em determinadas situações, a nova exação gera diferenciação injusta entre empresas de um mesmo ou de semelhantes setores econômicos, o que viola o princípio da isonomia e, inclusive, os da publicidade, motivação e impessoalidade, na medida em que não há justificativa plausível nem transparente para se escolher determinados setores como beneficiários da desoneração em detrimento de outros.

A simplicidade da tributação é outro ponto que merece atenção. A criação de qualquer tributo envolve diversos aspectos relacionados à sua compreensão e adaptação dos procedimentos contábeis e fiscais para sua apuração. Com a CPRB não poderia ter sido diferente, e talvez a situação tenha se agravado em razão das diversas variáveis envolvidas no cálculo dessa nova contribuição.

Por meio de alterações na Lei nº 12.546/2011, em princípio, seria possível adotar medidas que busquem aprimorar essa nova contribuição. Contudo, a eficácia dessas medidas pode ser limitada, além do que a CPRB carrega diversos vícios difíceis de serem sanados.

Em vista disso, acreditamos que a desoneração da folha deva ocorrer de outra forma, extinguindo-se a CPRB e instituindo-se novas regras com base na legislação de tributação sobre a folha vigentes. Propõe-se, portanto, a extinção da CPRB e a instituição da desoneração da folha no contexto de uma reforma tributária, como a trazida pela PEC 233.

Ou seja, pode-se retomar a ideia da PEC 233, de se reduzir a tributação sobre a folha gradativamente a 14% em cerca de seis anos, sendo que a perda de receita decorrente disso seria compensada medidas que podem envolver a destinação de maior parte arrecadação decorrente do IVA-F (a ser criado mediante a extinção de outras três contribuições – PIS, COFINS e Cide-Combustíveis) para a seguridade social.

Se não for possível implementar essa alteração no contexto de uma reforma tributária ampla, para compensar a perda na arrecadação, uma alternativa pode ser majorar as alíquotas do PIS e/ou da COFINS existentes, mas desde que a incidência dessas contribuições seja feita de forma efetivamente não-cumulativa.

Essas alterações podem ter melhores resultados do que se manter a sistemática de desoneração vigente, pois evita-se a simples instituição de um novo tributo (CPRB). Ou seja, a proposta ora apontada envolve redução da alíquota da tributação sobre a folha já existente e, para se compensar a perda de arrecadação decorrente dessa medida, pode haver (i) instituição de um novo tributo, mas desde que no contexto de uma reforma tributária ampla e substituindo-se tributos já existentes (como a criação do IVA-F em substituição a três outras contribuições); ou (ii) majoração de alíquota de contribuição já existente (como PIS ou COFINS), sem a necessidade de criação de nova exação, que no mínimo leva a aumento nos custos de conformidade das empresas.

REFERÊNCIAS

AMERICAN CHAMBER OF COMMERCE FOR BRAZIL (AMCHAM). **Efeitos da desoneração da folha de pagamento sobre a contribuição previdenciária ainda estão sendo avaliados pelas empresas**. Disponível em: <http://www.amcham.com.br/impactos-legislativos-e-juridicos/noticias/efeitos-da-desoneracao-da-folha-de-pagamento-sobre-a-contribuicao-previdenciaria-ainda-estao-sendo-avaliados-pelas-empresas>. Acesso em: 09/09/2015.

ASSOCIAÇÃO NACIONAL DOS AUDITORES-FISCAIS DA RECEITA FEDERAL DO BRASIL. **Desoneração: Estudo comprova prejuízo às contas da Previdência**. Jul./2015. Disponível em <http://www.anfip.org.br/informacoes/noticias/Desoneracao-Estudo-comprova-prejuizo-as-contas-da-Previdencia_31-07-2015>. Acesso em 04/09/2015.

ASSOCIAÇÃO NACIONAL DOS AUDITORES-FISCAIS DA RECEITA FEDERAL DO BRASIL. **Nota Técnica: Desoneração da Folha de Pagamentos: Impactos no Financiamento da Previdência Social**. 2015. Disponível em <http://www.anfip.org.br/publicacoes/20150730181429_Nota-Tecnica-Desoneracao-da-Folha-de-Pagamentos-Impactos-no-Financiamento-da-Previdencia-Social_30-07-2015_nota_tecnica-FINAL.pdf>. Acesso em 04/09/2015.

AVI-YONAH, Reuven S. The Three Goals of Taxation. **NYU Law Review**, Vol. 60, (2006-2007).

BELTRÃO, Demétrius Amaral. Isenção e Isonomia: Aspectos Econômicos da Tributação. **Revista de Direito Tributário Atual nº 26**. São Paulo: Dialética, 2011.

BIRD, Richard M. Tax Reform in Latin America: **A Review of Some Recent Experiences. Latin American Research Review**, vol. 27, nº 1 (1992).

BRASIL. Câmara dos Deputados. Diário da Câmara dos Deputados, ano LXX, nº 106, sexta-feira, 26 de junho de 2015. Disponível em http://imagem.camara.gov.br/Imagem/d/pdf/DCD0020150626001060000.PDF#page=, p. 43. Acesso em 09/09/2015.

BRASIL. Constituição (1988). **Constituição da República Federativa do Brasil**. Brasília, DF: Senado Federal, 1988. Disponível em: <http://www.planalto.gov.br/ccivil_03/constituicao/constitui%C3%A7ao.htm>. Acesso em: 12/10/2014.

BRASIL. Instituto Nacional do Seguro Social; Ministério da Previdência Social; Receita Federal do Brasil. Portaria Conjunta INSS / MPS / RFB / STN nº 2, de 28 de março de 2013. Disponível em <http://idg.receita.fazenda.gov.br/dados/receitadata/gastos-tributarios/renuncia-fiscal-setorial>. Acesso em 04/09/2015.

BRASIL. Lei nº 8.212, de 24 de julho de 1991; Lei nº 9.430, de 27 de dezembro de 1996; Lei nº 9.718, de 27 de novembro de 1998; Lei nº 9.868, de 10 de novembro de 1999; Lei Complementar nº 101, de 4 de maio de 2000; Lei nº 10.637, de 30 de dezembro de 2002; Lei nº 10.833, de 29 de dezembro de 2003; Mensagem de Veto nº 301, de 23 de julho de 2013; Medida Provisória nº 540, de 2 de agosto de 2011, convertida na Lei nº 12.546, de 14 de dezembro de 2011, e alterada pelas MPs nºs 559, de 2 de março de 2012, convertida na Lei nº 12.688, de 18 de julho de 2012; MP nº 563, de 3 de abril de 2012, convertida na Lei nº 12.715, de 17 de setembro de 2012; MP nº 582, de 20 de setembro de 2012, convertida na Lei nº 12.794, de 2 de abril de 2013; MPs nºs 601, de 28 de dezembro de 2012, e 612, de 2 de abril de 2013, que tiveram o seu prazo de vigência encerrado respectivamente em 3.6.2013 e 1.8.2013; MP nº 610/13, convertida na Lei nº 12.844, de 19 de julho de 2013; MP nº 615, de 17 de maio de 2013, convertida na Lei nº 12.865, de 9 de outubro de 2013; MP nº 619, de 24 de outubro de 2013, convertida na Lei nº 12.873, de 24 de outubro de 2013; MP nº 634, de 26 de dezembro de 2013, convertida na Lei nº 12.995, de 18 junho de 2014; MP nº 651, de 9 de julho de 2014, convertida na Lei nº 13.043, de 13 de novembro de 2014; MP nº 669, de 26 de fevereiro de 2015; Lei nº 13.161, de 31 de agosto de 2015, e MP nº 774, de 30 de março de 2017. Disponível em: http://www2.planalto.gov.br/acervo/legislacao. Acesso em: 10.09.2015 e 02.04.2017.

BRASIL. Lei nº 13.202, de 8 de dezembro de 2015. Disponível em: http://www2.planalto.gov.br/acervo/legislacao. Acesso em: 1º.10.2016.

BRASIL. Ministério da Fazenda. **Considerações sobre o Projeto de Lei nº 863/2015 – Desoneração da Folha de Pagamento**. Brasília, Abr./2015. Disponível em <http://www.fazenda.gov.br/area-destaques/consideracoes-sobre-o-pl-8632015-2013-desoneracao/at_download/arquivo>. Acesso em 05/09/2015.

BRASIL. Ministério da Fazenda. **Desoneração da Folha de Pagamentos: Perguntas e Respostas**. Disponível em: <http://www1.fazenda.gov.br/

portugues/documentos/2012/cartilhadesoneracao.pdf>. Acesso em: 10.09.2015.

BRASIL. Ministério da Fazenda. **Reforma Tributária**. Brasília, 2008. Disponível em http://www2.fazenda.gov.br/divulgacao/publicacoes/reforma-tributaria/cartilha.reforma.tributaria.pdf/at_download/file. Acesso em 12/12/2015.

BRASIL. Ministério da Fazenda. Secretaria de Política Econômica. **Nota de Análise Sobre Desoneração da Folha**. Brasília, Abr./2015. Disponível em <http://www.spe.fazenda.gov.br/noticias/nota-de-analise-sobre-desoneracao-da-folha>. Acesso em 08/09/2015.

BRASIL. Ministério do Desenvolvimento, Indústria e Comércio Exterior. Comissão Tripartite de Acompanhamento e Avaliação da Desoneração da Folha de Pagamentos – CTDF. Disponível em <http://www.desenvolvimento.gov.br/sitio/interna/interna.php?area=1&menu=3827&refr=482>. Acesso em 05/09/2015.

BRASIL. Presidência da República. Exposição de Motivos Interministerial nº 00025/2012-MF/MDIC/MCTI/MEC/MC/SEP/MS/MPS. Brasília, 2 de abril de 2012. Disponível em http://www.planalto.gov.br/ccivil_03/_ato2011-2014/2012/Exm/EMI-25-MF-MDIC-MCTI-MEC-MC-SEP-MS-MPS-MPV-%20563.doc. Acesso em 09/09/2015.

BRASIL. Presidência da República. Exposição de Motivos Interministerial nº 122 – MF/MCT/MDIC. Brasília, 02/08/2011. Disponível em http://www.planalto.gov.br/ccivil_03/_ato2011-2014/2011/Exm/EMI-122-MF-MCT-MDIC-Mpv540.htm. Acesso em 09/09/2015.

BRASIL. Presidência da República. Mensagem nº 330, de 31 de agosto de 2015. Disponível em http://www.planalto.gov.br/ccivil_03/_Ato2015-2018/2015/Msg/VEP-330.htm. Acesso em 07/09/2015.

BRASIL. Receita Federal do Brasil. Ato Declaratório Interpretativo RFB nº 9, de 9 de dezembro de 2015. Disponível em http://normas.receita.fazenda.gov.br/sijut2consulta/link.action?visao=anotado&idAto=70173. Acesso em 12/12/2015.

BRASIL. Receita Federal do Brasil. Ato Declaratório Interpretativo RFB nº 10, de 10 de dezembro de 2015. Disponível em http://normas.receita.fazenda.gov.br/sijut2consulta/link.action?visao=anotado&idAto=70205. Acesso em 12/12/2015.

BRASIL. Receita Federal do Brasil. Ato Declaratório Interpretativo RFB nº 11, de 10 de dezembro de 2015. Disponível em http://normas.receita.fazenda.gov.br/sijut2consulta/link.action?visao=anotado&idAto=70206. Acesso em 12/12/2015.

BRASIL. Receita Federal do Brasil. Coordenação Geral de Tributação. Solução de Consulta Cosit nº 131, de 02 de junho de 2014. Disponível em http://normas.receita.fazenda.gov.br/sijut2consulta/anexoOutros.action?idArquivoBinario=34808. Publicado em 02/06/2014. Acesso em 09/09/2015.

BRASIL. Receita Federal do Brasil. Coordenação Geral de Tributação.

Solução de Consulta Cosit nº 335, de 05 de dezembro de 2014. Disponível em http://normas.receita.fazenda.gov.br/sijut2consulta/anexoOutros.action?idArquivoBinario=37099. Publicada em 15/12/1014. Acesso em 09/09/2015.

BRASIL. Receita Federal do Brasil. Coordenação Geral de Tributação. Solução de Consulta Cosit nº 367, de 18 de dezembro de 2014. Disponível em http://normas.receita.fazenda.gov.br/sijut2consulta/anexoOutros.action?idArquivoBinario=34020. Publicada em 07/01/2015. Acesso em 09/09/2015.

BRASIL. Receita Federal do Brasil. Coordenação Geral de Tributação. Solução de Consulta Cosit nº 384, de 26 de dezembro de 2014. Disponível em http://normas.receita.fazenda.gov.br/sijut2consulta/anexoOutros.action?idArquivoBinario=34008. Publicado em 05/01/2015. Acesso em 09/09/2015.

BRASIL. Receita Federal do Brasil. Coordenação Geral de Tributação. Solução de Divergência Cosit nº 4, de 03 de julho de 2015. Disponível em http://normas.receita.fazenda.gov.br/sijut2consulta/anexoOutros.action?idArquivoBinario=37097. Publicado em 31/07/2015. Acesso em 09/09/2015.

BRASIL. Receita Federal do Brasil. Desoneração da Folha de Pagamento: Estimativa de Renúncia e Metodologia de Cálculo. Brasília, Mar/2015. Disponível em <http://idg.receita.fazenda.gov.br/dados/receitadata/gastos-tributarios/renuncia-fiscal-setorial/relatorio-das-desoneracoes/PublicaoatMAR201520_07_2015.pdf>. Acesso em 04/09/2015.

BRASIL. Receita Federal do Brasil. Instrução Normativa nº 1.300, de 20 de novembro de 2012. Disponível em <http://normas.receita.fazenda.gov.br/sijut2consulta/link.action?visao=anotado&idAto=38972>. Acesso em 09/09/2015.

BRASIL. Receita Federal do Brasil. Instrução Normativa nº 1.436, de 30 de dezembro de 2013. Disponível em <http://normas.receita.fazenda.gov.br/sijut2consulta/link.action?idAto=48917&visao=anotado>. Acesso em 09/09/2015.

BRASIL. Receita Federal do Brasil. Parecer Normativo nº 3, de 21 de novembro de 2012; Solução de Consulta nº 161, de 17 de dezembro de 2012; Parecer Normativo n° 25, de 5.12.2013. Disponível em http://idg.receita.fazenda.gov.br. Acesso em 09/09/2015.

BRASIL. Senado Federal. Renan anuncia devolução da MP que reduz desoneração da folha de pagamento. Mar/2015. Disponível em <http://www12.senado.leg.br/noticias/materias/2015/03/03/renan-anuncia-devolucao-da-mp-que-reduz-desoneracao-da-folha-de-pagamento>. Acesso em 02/09/2015.

BRASIL. Supremo Tribunal Federal. ADC 1, Relator: Min. MOREIRA ALVES, Tribunal Pleno, julgado em 01/12/1993, DJ 16-06-1995 PP-18213 EMENT VOL-01791-01 PP-00088. Disponível em www.stf.jus.br. Acesso em 09.09.2015.

BRASIL. Supremo Tribunal Federal. ADI 1102, Relator(a): Min. MAURÍCIO

CORRÊA, Tribunal Pleno, julgado em 05/10/1995, DJ 17-11-1995 PP-39205 EMENT VOL-01809-05 PP-01004. Disponível em www.stf.jus.br. Acesso em 22.10.2014.

BRASIL. Supremo Tribunal Federal. ADI 1103, Relator(a): Min. NÉRI DA SILVEIRA, Relator(a) p/ Acórdão: Min. MAURÍCIO CORRÊA, Tribunal Pleno, julgado em 18/12/1996, DJ 25-04-1997 PP-15197 EMENT VOL-01866-02 PP-00270. Disponível em www.stf.jus.br. Acesso em 22.10.2014.

BRASIL. Supremo Tribunal Federal. ADI 1108, Relator(a): Min. MAURÍCIO CORRÊA, Tribunal Pleno, julgado em 05/10/1995, DJ 17-11-1995 PP-39205 EMENT VOL-01809-05 PP-01047. Disponível em www.stf.jus.br. Acesso em 22.10.2014.

BRASIL. Supremo Tribunal Federal. ADI 1116, Relator(a): Min. MAURÍCIO CORRÊA, Tribunal Pleno, julgado em 05/10/1995, DJ 17-11-1995 PP-39205 EMENT VOL-01809-05 PP-01090 REPUBLICAÇÃO: DJ 01-12-1995 PP-41684. Disponível em www.stf.jus.br. Acesso em 22.10.2014.

BRASIL. Supremo Tribunal Federal. ADIs 5050, 5051 e 5053. Relator: Ministro Roberto Barroso. Disponível em http://www.stf.jus.br/portal/processo/verProcessoAndamento.asp. Acesso em 09/04/2016.

BRASIL. Supremo Tribunal Federal. AI 763010 AgR, Relator(a): Min. JOAQUIM BARBOSA, Segunda Turma, julgado em 25/09/2012, ACÓRDÃO ELETRÔNICO DJe-211 DIVULG 25-10-2012 PUBLIC 26-10-2012.

BRASIL. Supremo Tribunal Federal. RE 228321, Relator(a): Min. CARLOS VELLOSO, Tribunal Pleno, julgado em 01/10/1998, DJ 30-05-2003 PP-00030 EMENT VOL-02112-02 PP-00388. Disponível em www.stf.jus.br. Acesso em 22.10.2014.

BRASIL. Supremo Tribunal Federal. RE 346084, Relator: Min. ILMAR GALVÃO, Relator(a) p/ Acórdão: Min. MARCO AURÉLIO, Tribunal Pleno, julgado em 09/11/2005, DJ 01-09-2006 PP-00019 EMENT VOL-02245-06 PP-01170

BRASIL. Supremo Tribunal Federal. RE 357.950/RS, 358.273/RS e 390.840/MG, Relator: Min. MARCO AURÉLIO, Tribunal Pleno, julgado em 09/11/2005, DJ 15-08-2006 PP-00025 EMENT VOL-02242-03 PP-00372 RDDT n. 133, 2006, p. 214-215

BRASIL. Supremo Tribunal Federal. RE 363852, Relator(a): Min. MARCO AURÉLIO, Tribunal Pleno, julgado em 03/02/2010, DJe-071 DIVULG 22-04-2010 PUBLIC 23-04-2010 EMENT VOL-02398-04 PP-00701 RTJ VOL-00217- PP-00524 RET v. 13, n. 74, 2010, p. 41-69. Disponível em www.stf.jus.br. Acesso em 22.10.2014.

BRASIL. Supremo Tribunal Federal. RE 595838, Relator(a): Min. DIAS TOFFOLI, Tribunal Pleno, julgado em 23/04/2014, ACÓRDÃO ELETRÔNICO DJe-196 DIVULG 07-10-2014 PUBLIC 08-10-2014. Disponível em www.stf.jus.br. Acesso em 09/09/2015.

BRASIL. Supremo Tribunal Federal. RE 596177, Relator(a): Min. RICARDO LEWANDOWSKI, Tribunal Pleno, julgado em 01/08/2011, REPERCUSSÃO

GERAL – MÉRITO DJe-165 DIVULG 26-08-2011 PUBLIC 29-08-2011 EMENT VOL-02575-02 PP-00211 RT v. 101, n. 916, 2012, p. 653-662. Disponível em www.stf.jus.br. Acesso em 22.10.2014.

BRASIL. Supremo Tribunal Federal. RE 611601 RG, Relator(a): Min. DIAS TOFFOLI, julgado em 03/06/2010, DJe-110 DIVULG 17-06-2010 PUBLIC 18-06-2010 EMENT VOL-02406-05 PP-01051 LEXSTF v. 32, n. 379, 2010. Disponível em www.stf.jus.br. Acesso em 09/09/2015.

BRASIL. Tribunal Regional Federal da 4ª Região. Apelação Cível nº 5001811-23.2013.404.7107/RS, Relatora: Maria de Fátima Freitas Labarrère, 2ª Turma, julgado em 10 de setembro de 2014.

BRASIL. Tribunal Regional Federal da 4ª Região. Apelação Cível nº 5042934-65.2012.404.7000/PR, Relator: Jorge Antonio Maurique, 1ª Turma, julgado em 20 de agosto de 2014.

CAMPBELL, Denis; MAKIK, Shiv. Contra a obesidade, médicos pedem por imposto sobre refrigerantes. Traduzido por MIGLIACCI, Paulo. Folha de São Paulo, Fev./2013. Disponível em <http://www1.folha.uol.com.br/ilustrissima/1233188--contra-a-obesidade-medicos-pedem--por-imposto-sobre-refrigerantes.shtml>. Acesso em 04/09/2015.

CANADO, Vanessa Rahal. Desenvolvimento, Direito, Economia, Fiscalidade e Extrafiscalidade: análise da natureza dos incentivos fiscais sob uma perspectiva interdisciplinar. **Tributação e desenvolvimento: homenagem ao Prof. Aires Barreto**. São Paulo: Quartier Latin, 2011.

CARVALHO, Cristiano. Análise Econômica da Tributação. **Direito e Economia no Brasil**. Luciano B. Timm (org.). São Paulo: Atlas, 2012.

CASSEB, Diego Filipe; MATSUMOTO, Cristiane. IN RFB 1.529/2014 ainda não permite compensação ilimitada de tributos federais. CONJUR, publicado em 08/02/2015, disponível em http://www.conjur.com.br/2015-fev-08/in-rfb-1529-nao-permite-compensacao--ilimitada-tributos-federais. Acesso em 06/09/2015.

CONTIPELLI, Ernani. Solidariedade Social Tributária e Extrafiscalidade. **Revista Forense, vol. 414**.

DANTAS, Iuri. **Indústria automobilística teve isenção de R$ 1 milhão por emprego criado**. Estadão, Brasília, Jul./2012, Ecomomia. Disponível em <http://www.estadao.com.br/noticias/impresso,industria-automobilistica-teve--isencao-de-r-1-milhao-por-emprego--criado,894467,0.htm>. Acesso em: 09/09/2014.

DEPARTAMENTO INTERSINDICAL DE ESTATÍSTICAS E ESTUDOS SOCIOECONÔMICOS. **Nota técnica nº 145, de junho de 2015: O Projeto de Lei 863/2015 e as Mudanças na Desoneração da Folha**. São Paulo, Jun./2015. Disponível em <http://www.dieese.org.br/notatecnica/2015/nota-Tec145desoneracao.pdf>. Acesso em 05/09/2015.

ELALI, André; LUCENA JR., Fernando. Visão Crítica sobre as Teorias da Neutralidade e não Discriminação da Tributação. **Revista de Direito Tributário Atual nº 26**. São Paulo: Dialética, 2011

GOUVÊA, Marcus de Freitas. Questões Relevantes Acerca da Extrafiscalidade no Direito Tributário. **Interesse Público: Revista Bimestral de Direito Público nº 34**. Porto Alegre: Notadez.

GRUPO BANCO MUNDIAL. Pagamento de impostos. **Doing Business: Medindo Regulamentações de Negócios**, 2012. Disponível em: <http://portugues.doingbusiness.org/data/exploretopics/paying-taxes>. Acesso em: 09/09/2015.

GRUPO BANCO MUNDIAL. Classificação das economias. **Doing Business: Medindo Regulamentações de Negócios, 2012**. Disponível em: <http://portugues.doingbusiness.org/rankings>. Acesso em: 09/09/2015.

HASPEL, Tamar. Is a soda tax the solution to America's obesity problem? The Washington Post, Mar/2015. Disponível em <https://www.washingtonpost.com/lifestyle/food/is-a-soda-tax-the-solution-to-americas-obesity-problem/2015/03/23/b6216864-ccf8-11e4-a2a7-9517a3a70506_story.html>. Acesso em 04/09/2015.

LIMA JR., Joel Gonçalves de; FERRAZ, Roberto. Princípios da Ordem Econômica como Limitação ao Poder de Tributar. Revista de Direito Tributário nº 104. São Paulo: Malheiros, 2009.

MACHADO, Hugo de Brigo. Inconstitucionalidade do Aumento do IOF com Desvio de Finalidade. **Revista Dialética de Direito Tributário nº 154**. São Paulo: Julho de 2008.

MACHADO, Luiz Henrique Travassos. Incentivos e benefícios fiscais: diferença no Estado de Direito Desenvolvimentista. **Revista Tributária e de Finanças Públicas nº 102**, 2012.

MACKAAY Ejan. **Law and Economics for Civil Law Systems**. Massachusetts: Edward Elgar Publishing Limited, 2013.

MELO, Álisson José Maia. Premissas para uma abordagem jurídica dos incentivos fiscais. Regime Jurídico dos Incentivos Fiscais. MACHADO, Hugo de Brito (Coord.). Malheiros Editores: 2015.

NELSON, Rocco Antonio Ralgel Rosso. Apontamentos sobre os incentivos fiscais no Brasil. **Revista Tributária e de Finanças Públicas nº 119**, 2014.

OECD (2009), **OECD Economic Surveys: Brasil 2009**, OECD Publishing. http://dx.doi.org/10.1787/eco_surveys-bra-2009-en. Acesso em 13/12/2015.

OECD (2013), **OECD Economic Surveys: Brasil 2013**, OECD Publishing. http://dx.doi.org/10.1787/eco_surveys-bra-2013-en. Acesso em 13/12/2015.

OECD (2015), **OECD Economic Surveys: Brasil 2015**, OECD Publishing, Paris. http://dx.doi.org/10.1787/eco_surveys-bra-2015-en. Acesso em 13/12/2015.

PARK, Alice. Study: Soda Taxes May Not Be Enough to Curb Obesity. Time, Dec./2010. Disponível em <http://healthland.time.com/2010/12/13/study-sugar-tax-may-lead-to-only-modest-weight-loss>. Acesso em 04/09/2015.

PELLEGRINI, Josué; MENDES, Marcos. **O que é desoneração da folha de pagamento e quais são seus possíveis efeitos?** Brasil, Economia e Governo, Ago./2014. Disponível em http://www.brasil-economia-governo.org.

br/2014/08/11/o-que-e-desoneracao-da-folha-de-pagamento-e-quais-sao-seus-possiveis-efeitos. Acesso em 07/09/2015.

PINTO, Tibério Carlos Soares Roberto. O incentivos fiscais enquanto instrumento para a promoção da igualdade material entre os contribuintes. Regime Jurídico dos Incentivos Fiscais. MACHADO, Hugo de Brito (Coord.). Malheiros Editores: 2015.

PINTO, Vilma da Conceição; AFONSO, José Roberto; BARROS, Gabriel Leal de. Avaliação Setorial da Desoneração da Folha de Salários – versão preliminar. Fevereiro de 2014. FGV IBRE, disponível em http://goo.gl/wfLEiR. Acesso em 05/09/2015.

ROCHA, Paulo Victor Vieira da. Fiscalidade e Extrafiscalidade: uma Análise Crítica da Classificação Funcional das Normas Tributárias. **Revista de Direito Tributário Atual nº 32.** Editora Dialética. São Paulo: 2014.

STIGLITZ, Joseph E. **Economics of the Public Sector**, 3rd edition. New York: W. W. Norton & Company. Capítulo 17, "Introduction to taxation".

UNIVERSO ONLINE. OMS quer impostos sobre refrigerantes para reduzir açúcar. Estadão conteúdo, Mar/2015. Disponível em: <http://noticias.uol.com.br/saude/ultimas-noticias/estado/2015/03/04/oms-quer-impostos-sobre-refrigerantes-para-reduzir-acucar.htm>. Acesso em 04/09/2015.

ZANATTA, Kênya. França adota imposto sobre refrigerante para combater obesidade. RFI, Jan/2012. Disponível em <http://www.brasil.rfi.fr/geral/20120104-franca-adota-imposto-sobre-refrigerante-para-combater-obesidade>. Acesso em 04/09/2015.

ÍNDICE

AGRADECIMENTOS	7
PREFÁCIO	9
SUMÁRIO	13
CAPÍTULO 1 – INTRODUÇÃO	15
CAPÍTULO 2 – FUNÇÃO FISCAL E EXTRAFISCAL DOS TRIBUTOS E OS INCENTIVOS E BENEFÍCIOS FISCAIS	19
CAPÍTULO 3 – A DESONERAÇÃO DA FOLHA DE PAGAMENTOS E A CPRB	29
CAPÍTULO 4 – FUNDAMENTO CONSTITUCIONAL DE VALIDADE DA CPRB	35
CAPÍTULO 5 – A CPRB E PRINCÍPIOS CONSTITUCIONAIS, ADMINISTRATIVOS E ECONÔMICOS RELEVANTES	43
CAPÍTULO 6 – PROPOSTAS PARA DESONERAÇÃO DA FOLHA DE FORMA MAIS EFICIENTE	89
CAPÍTULO 7 – CONCLUSÃO	103
REFERÊNCIAS	105